U0059310

被咬一口的蘋果

賈伯斯的數位智慧時代

Steven Paul Jobs

李連成 著

Getting fired from Apple was the best thing that could
have ever happened to me. It freed me to enter one of
the most creative periods of my life.

崧燁文化

目錄

前言

那是西元一八〇〇年，愛爾蘭裔法國著名經濟學家理查 · 坎蒂隆著作了《商業性質概論》一書，他在該書中首次對「企業家」進行了定義，闡釋企業家是專門承擔風險的人。

後來，奧地利著名政治經濟學家約瑟夫 · 熊彼得在所著《資本主義、社會主義與民主》中指出，企業家就是創新者，就是不斷探索新的可能方案，不斷尋找新的意義所在，不斷發現新的實現自我的途徑。按照他的定義，企業家的內涵和外延要廣泛得多，不僅包括在交換經濟中通常所稱的生意人，也包括公司僱傭人員，例如經理、董事會成員等。

美國著名企業家克雷格 · 霍爾在所著《負責任的企業家》中指出，企業家是做實事的人，是冒險家，是風險承擔者，他們對朋友、商界夥伴和社會是負責任的。也就是說，企業家不僅是社會革新者，更是社會責任與信用關係的維護者，並且致力於改進社會。

總之，「企業家是不斷在經濟結構內部進行『革命突變』，對舊的生產方式進行『創造性破壞』，實現經濟要素創新組合的人。」他們創造物質財富，推動社會不斷進步，使得人們更加幸福。財富雖然只是一個象徵，但它與人們的生活、國家的發展、民族的強盛等息息相關。

　　企業家也創造巨大的精神財富，他們在追求財富過程中所表現出來的創新、冒險、合作、敬業、學習、執著、誠信和服務等精神，值得我們每一個人學習。這種企業家精神是這個特殊群體的共同特徵，也是他們獨特的個人素質、價值取向以及思維模式，是他們行動的理性超越和精神昇華。

　　當然，企業家是在創造財富的實際行動中，在點點滴滴的事例中體現出偉大精神的。我們在追尋他們成長發展的歷程時就會發現，雖然他們成長發展的背景各不相同，但他們在一生中所表現出的辛勤奮鬥和頑強拚搏的精神，則是殊途同歸的。

　　這正如美國著名思想家和文學家愛默生所說：「偉大人物最明顯的標誌，就是他們擁有堅強的意志，不管環境怎樣變化，他們的初衷與希望永遠不會有絲毫的改變，他們永遠會克服一切障礙，達到他們期望的目的。」同時，愛默生認為：「所有偉大人物都是從艱苦中脫穎而出的。」

　　為此，我們特別推出了《中外企業家》叢書，精選薈萃了現當代中外在鋼鐵、石油、汽車、船運、時裝、娛樂、傳媒、電腦、訊息、商業、金融、投資等方面最具有代表性的企業家，主要以他們的成長歷程和人生發展為線索，盡量避免冗長的說教性敘述，採用日常生活中富於啟發的小故事來傳達他們的精神。尤其著重表現他們所處時代的生活特徵和他們建功立業的艱難過程。本套作品充滿了精神的力量、創業的經驗、經營的學問、管理的智慧以及財富的觀念，相信我們廣大讀者一定會產生強烈的

共鳴和巨大的啟發。

　　為了讓廣大讀者更方便地了解和學習這些企業家，我們還增設了人物簡介、經典故事、人物年譜和名人名言等相關內容，使本套作品更具可讀性、指向性和知識性。為了更加形象地表現企業家的發展歷程，我們還根據他們的成長線索，適當配圖，使之圖文並茂，形式新穎，以便更加適合讀者閱讀和收藏。

　　我們在編撰本套作品時，為了體現內容的系統性和資料的詳實性，參考和借鑑了大量資料和許多版本，在此向所有辛勤付出的人們表示衷心謝意。但仍難免出現掛一漏萬或錯誤疏忽，懇請讀者批評指正，以利於我們修正。我們相信廣大讀者透過閱讀這些著名企業家的人生成長與成功故事，會更好地把握自我成長中的目標和關鍵點，直至開創自我的幸福人生！

人 物 簡 介

名人簡介

　　史蒂夫·賈伯斯（Steve Jobs，一九五五～二〇一一），美國發明家、企業家，美國蘋果公司聯合創辦人、行政總裁。

　　賈伯斯一九五五年二月二十四日出生於美國舊金山，他的生母是一名年輕的未婚在校研究生，因為自己無法在讀書的同時帶孩子，她決定將賈伯斯送給別人收養。就這樣，賈伯斯在嬰兒時期被保羅·賈伯斯和克拉拉·賈伯斯夫婦領養，前者為一家雷射公司的機械師，後者為會計師。

　　一九七二年，賈伯斯畢業於加州洛斯阿圖斯的高中，後入俄勒岡州波特蘭的里德學院，六個月後退學，專心研究電子。

　　一九七六年，賈伯斯和史帝夫·沃茲尼克以及韋恩三人在車庫裡辦起了蘋果公司，研製個人電腦。後來韋恩退出，賈伯斯和沃茲尼克兩人生產出第一代「蘋果電腦」。此後，蘋果公司發展順利，至一九八四年，第二代「蘋果機」，即「Mac」誕生了。

　　至一九八五年為止，蘋果公司已擁有四千名員工，股票市值高達二十億美元。賈伯斯個人也很順利，名利雙收。二〇一一年十月五日，賈伯斯因病逝世，享年五十六歲。

成就與貢獻

賈伯斯一生陪伴蘋果公司數十年的起落與復興，先後領導和推出了「Mac」電腦、iMac、iPod、iPhone 等風靡全球億萬人的電子產品，深刻地改變了現代通訊、娛樂乃至生活方式。

賈伯斯是改變世界的天才，他憑敏銳的觸覺和過人的智慧，勇於變革，不斷創新，引領全球資訊科技和電子產品的潮流，把電腦和電子產品變得簡約化、平民化，讓曾經是昂貴稀罕的電子產品變為現代人生活的一部分。

地位與影響

賈伯斯的生涯極大地影響了矽谷風險創業的傳奇，他將美學至上的設計理念在全世界推廣開來。他對簡約及便利設計的推崇為他贏得了許多忠實追隨者。

賈伯斯與沃茲尼克共同使個人電腦在一九七〇年代末至八〇年代初流行開來，他也是第一個看到滑鼠的商業潛力的人。

一九八五年，賈伯斯獲得了由里根總統授予的「國家級技術勳章」。一九九七年，成為《時代週刊》的封面人物；同年被評為「最成功的管理者」，是聲名顯赫的「電腦狂人」。

二〇〇七年，賈伯斯被《財富》雜誌評為年度「最有影響力的商人」。二〇〇九年，被財富雜誌評選為「十年美國最佳行政總裁」，同年當選《時代週刊》「年度風雲人物」之一。

「蘋果」誕生

你的時間有限，所以不要為別人而活。不要
被教條所限，不要活在別人的觀念裡。

—— 賈伯斯

與眾不同的孩子

一九五五年二月的一天，美國舊金山春寒料峭，年輕的女
碩士研究生喬安妮徘徊在街頭，大腹便便，未褪去冬裝的身體顯
得很笨重，她臉上帶著對自己未出生的孩子的深深憂慮。

喬安妮生活拮据，卻未婚先孕，這對她真是雙重的打擊。
孩子的父親阿卜·杜法塔·簡德里，是敘利亞移民，他是喬安妮
在威斯康星大學的政治老師。生活在保守的美國南方的喬安妮父

母極力反對這椿姻緣，父親老謝保先生甚至威脅女兒，假使女兒一意孤行便取消她的繼承權。

喬安妮含著眼淚說：「孩子，難道你還未出生，就注定了被拋棄的命運嗎？」在命運的十字路口，喬安妮作出了自己的選擇。

喬安妮決定獨自去加州分娩，還想在當地給這個孩子找一個合適的人家。喬安妮對收養家庭的要求很簡單，她希望孩子未來的養父母都受過良好的教育。

喬安妮首先為自己將來的孩子選定了一個律師家庭，她希望自己的孩子能接受良好的教育，能在這個家庭中健康快樂地成長。二月十四日，喬安妮順利地生下了一個男孩。但是，就在孩子呱呱墜地的一刻，律師夫婦突然宣布他們想收養的是女孩，因為他們還想要自己的兒子。

這個改變讓喬安妮猝不及防，她只得另選他人。當時，她給領養預備名單上的另一個家庭打了個電話：「我們這兒出了個意外，有個男孩，你們要收養嗎？」

這對夫婦是年過半百的保羅‧賈伯斯和妻子克拉拉。他們十多年來一直想收養孩子，願望卻始終沒有實現。他們接到電話後，立即欣然前往。這對夫婦很高興能把賈伯斯接到自己的家中，並向賈伯斯的母親承諾一定把他當作自己的親生兒子來撫養。

可是，喬安妮後來發現，保羅夫婦倆不僅沒有念過大學，保羅甚至連高中都沒有上過，這和她當初的想法相去甚遠。在之後的幾個月裡，她一直拒絕在領養書上簽字。

但這對夫婦非常喜歡這個孩子，很想將他領養回家，在多次溝通之後，這對夫妻向喬安妮保證：「您放心，我們一定會供孩子上大學。」

就這樣，剛剛出生的小男孩進入了這個普通的美國家庭之中，他也終於有了一個完整的家。賈伯斯一家住在郊區普通公寓裡，克拉拉是會計，保羅在一家生產雷射儀器的廠裡當工人。從此，這個被抱養的男孩也有了自己的名字：史蒂夫·賈伯斯。

小賈伯斯的新家位於加州芒廷維尤，當時那裡還只是一個擁有很多果園的鄉下小鎮，但是沒過多久，這個小鎮就發生了翻天覆地的變化，因為美國的矽谷就是從這裡逐漸發展起來的，當時很多電子工程師，包括惠普公司的工程師都住到了賈伯斯所在的街區。

在很小的時候，小賈伯斯就展現出了與普通小孩不同的一面。他在三歲的時候，就開始搞惡作劇。

有一次，小賈伯斯把一根髮夾放入電源插座的插孔裡。克拉拉發現之後，奇怪地問他：「孩子，你把它放在那裡做什麼？」

小賈伯斯回答：「沒什麼，我僅僅是想聞一聞它是什麼氣味。」

養父母果然沒有食言。為了孩子，老賈伯斯夫婦傾盡所有。小賈伯斯五歲時，為了送兒子學游泳，克拉拉不得不給人做保姆。保羅有一雙巧手，他花了許多時間，教小賈伯斯如何製作一些東西，把它們拆解，然後重新組裝起來。

很多時候，小賈伯斯一到鄰居家，就在人家的攝影機前做鬼臉，非常調皮。甚至有一次，他還試著喝了一罐殺蟲劑，差點把自己弄死……總之，他一度成了醫院急救室裡的常客。

到了上學的年齡，小賈伯斯依然顯得很叛逆。他上課從不聽講，也不完成老師布置的家庭作業，他還在課堂上頂撞老師。

而且，小賈伯斯患有閱讀障礙症，在學校裡始終與老師相處不好，常常幹出往老師辦公室扔爆竹或是帶蛇到教室去之類的事情。

有一次，老師問班上同學：「你最不了解的問題是什麼？」

只見小賈伯斯舉手答道：「我搞不懂為什麼我們家一下子就變得窮了！」

因為常常和老師唱反調，小賈伯斯總是被趕出教室。大家經常看到，在上課的時間，教室外面卻遊蕩著這個從來不向學校裡任何「權勢」屈服的小男孩，但他一直保持著這種性格。

不過，幸運的小賈伯斯遇到了一位老師，對他影響深刻，甚至影響了他的一生，這個人就是希爾太太。

當時希爾太太在了解了賈伯斯的情況後，就和賈伯斯達成了一個匪夷所思的協議。她對賈伯斯說：「如果你能完成這些作業，你就能得到五美分。」

在老師的激勵下，賈伯斯充分發揮了他超強的學習能力，那一年，他比以往學到了更多的知識。

在同齡人當中，小賈伯斯因為早熟顯得與他人有些格格不入，他的老師對他的評價是：「有點不合群，他看事物的方式與眾不同。」

他的一位同學描述他說：「史蒂夫·賈伯斯是一個孤單的、相當愛哭的男孩。我們曾經參加過一支游泳隊，如果比賽失敗了，他就會跑到一邊哭泣，他和別的同學很難協調。」

小賈伯斯不但叛逆，而且非常敏感。一九六二年爆發的古巴導彈危機以及一九六三年甘迺迪總統遇刺等事件，讓這個頑劣的孩子懵懵懂懂地感受到，周圍的世界正在發生巨變，他因此倍感威脅。有一段時間，他經常害怕得晚上睡不著，開始感到恐慌，害怕自己睡一覺就再也醒不過來。

這時，小賈伯斯開始將注意力轉向音樂與科技，他極度崇拜鮑勃·迪倫，能背出迪倫寫的所有歌詞；他欣賞迪倫勇於突破自己，並不畏外界評論的作風。他說：「他從不保守，真正偉大的藝術家都該如此，敢於不斷否定失敗。」

而且小賈伯斯還在自己的日記本上寫下這樣一段話：

你的時間有限，所以不要為別人而活。不要被教條所限，不要活在別人的觀念裡。不要讓別人的意見左右自己內心的聲音。

最重要的是，勇敢地去追隨自己的心靈和直覺，只有自己的心靈和直覺才知道你自己的真實想法，其他一切都是次要的。

受到這種離經叛道精神的影響，小賈伯斯馬上對學校裡程式化的教學方式不屑一顧，與學校老師的關係也越來越不和諧。

小賈伯斯雖然比較孤僻，但是這並不影響他的聰明。

十歲的時候，賈伯斯就對電子產品產生了濃厚的興趣。為了弄清一些電子產品的工作原理，他經常拆卸一些小型的電子產品。有時他還會纏著那些電子公司的工程師，問一些很「專業」的問題。

很多工程師也都很喜歡這個聰明好學的小男孩，也經常會送給他一些電子產品。

一次，一位工程師從公司給小賈伯斯帶回了一個麥克風，小賈伯斯對這個會發聲的電子產品非常感興趣，而這無疑又為他的「研發」提供了更多的條件。

賈伯斯的童年經歷，對他獨特人格的塑造起著至關重要的作用。

痴迷於電子產品

　　小賈伯斯的種種叛逆行為，養父、養母看在眼裡，急在心上。為了信守與喬安妮的約定，老賈伯斯夫婦決定為養子搬家、換學校。他們從山景城搬到洛斯阿圖斯，小賈伯斯就讀當地的霍姆斯特德高中。

　　與眾不同的人擁有使自己脫穎而出的東西。青少年時期的賈伯斯就已經具有脫穎而出的潛質了。在賈伯斯很小的時候，他就對電子產品，尤其是對電腦情有獨鍾。

　　當時，賈伯斯跟隨養父母生活在著名的矽谷附近，而鄰居也都是矽谷元老──惠普公司的職員。在這些人的影響下，賈伯斯從小就很迷戀電子學。

　　早在賈伯斯十歲的時候，他就經常拆卸一些小型的電子產品，雖然在擺弄這些電子產品的時候，可能會被電到，甚至會受傷，但小賈伯斯依然興致不減。

　　所以，賈伯斯在很小的時候，就弄懂了不少電子產品的工作原理，甚至像電視機之類的複雜產品對他來說也不再高深莫測。用賈伯斯自己的話來說：

　　對我來說，這些東西已經不再神祕，我更加清楚地認識到，它們都是人類創造力產生的結果，而不是一些不可思議的東西。

　　一個惠普的工程師看他對電子產品如此痴迷，就推薦他參加了惠普公司的「發現者俱樂部」。這是個專門為年輕工程師舉辦的聚會，每週星期二晚上在公司的餐廳裡舉行。

　　就在一次聚會中，賈伯斯第一次見到了電腦，他一眼就愛上了這個傢伙，並開始對電腦有了一些朦朧的認識。

　　十一歲的時候，在賈伯斯的不斷折騰下，養父無奈地與養母商量，最後決定，舉家搬到了加州的帕羅奧圖市，這是個電子新興城市，建立了很多著名的電子公司，也有不少頂級的電子工程師。

　　賈伯斯非常喜歡這座城市，這不僅讓他著迷，更讓他感到興奮。因為這裡隨處都可以看到被電子公司丟棄的電子組件，而賈伯斯總是可以在路邊的垃圾場裡找到一些電子組件。每次發現了「新東西」，他就會徹夜待在家裡的車庫中仔細研究這些電子產品的電路板。

　　賈伯斯在中學時代，他還不善於交際，又因為他曾經跳過一級，比同級的同學都要小一歲。完全可以想像，當時這樣一個不愛說話，對運動不感興趣的小男孩，肯定無法和其他同學建立深厚的感情，更別說交朋友了。

　　因此對賈伯斯而言，最好的朋友莫過於電腦了。當一般的小孩都在做遊戲的時候，賈伯斯總是一個人連續好幾個小時待在養父保羅的車庫裡探索電腦的奧祕，而這給他帶來了無窮的樂趣

和前所未有的成就感。他在自己的世界裡感受著與同齡人不同的快樂。

因為被這些廢棄的電子器件深深吸引，賈伯斯在學校裡顯得更加孤僻和鬱鬱寡歡。可是，這並沒有改變賈伯斯的性格，他依然痴迷於電子產品，獨自沉醉在電子產品的世界裡。

賈伯斯十六歲進入新學校，一個學期後，結識了比爾‧費爾南德斯，他和賈伯斯一樣，也是一個電子迷。除了擁有共同的愛好，兩個小男孩的性格也驚人的相似——個性鮮明、特立獨行，從來不會為了得到什麼而去討好任何人。因此在學校裡，費爾南德斯也是不討人喜歡的學生。就這樣，兩個人成了親密無間的好朋友。

他們經常利用放學後的時間，到學校周圍撿別人丟棄的電子組件，然後找個廢棄的車庫，在那裡專心研究怎樣把這些電子組件組裝成電子產品。當他們遇到困難的時候，就會找人來幫忙。

一次，賈伯斯要設計一個機械裝置，他把精力全都放在了設計頻率計數器上。可是在製作過程中，賈伯斯遇到了一些技術難題。於是，他抓起電話簿，直接撥通了比爾‧休利特的電話。

比爾‧休利特當時是惠普的總裁。賈伯斯只是在與惠普的職工們認識的時候知道了他的電話並寫在了電話簿上，人們並且告訴賈伯斯：「他是個好人。」

　　接到賈伯斯的電話後，休利特並沒有拒絕好學的賈伯斯，他耐心回答了賈伯斯的所有難題，他們一直聊了二十多分鐘，賈伯斯向他諮詢了電腦的專業知識，休利特都一一作答，並且邀請他夏天的時候到惠普實習。

　　由此，更加促使了賈伯斯對電子學的喜愛。

　　賈伯斯的童年生活從來沒有離開過電子，他對電腦的喜愛和執著，對他人生發展的道路有著必然的影響。「成功是串起來的生命中的點點滴滴。」

　　如果賈伯斯在童年的時候和其他小孩子一樣，無憂無慮，天真快樂，他也許就不會有時間和心思將精力放在研究電子產品上。

　　如果不是他兒時形成的叛逆、反傳統的個性，他也許就不會經常躲在車庫裡與電腦為伴。

　　如果賈伯斯不是電子迷，他也不會和費爾南德斯成為親密無間的朋友；而如果不認識費爾南德斯，他就沒有機會結識一個叫沃茲尼克的技術天才。

　　總之，如果沒有這些「如果」，賈伯斯也不會擁有如此之多的成功因素。

首次研發藍盒子

　　早在賈伯斯十六歲的時候，他就與費爾南德斯成了志同道合的好朋友，湊巧的是費爾南德斯家對面住的就是沃茲尼克一家。

　　蓋瑞‧沃茲尼克是一名技術工程師，當費爾南德斯遇到電子學的技術難題時，他常常就會跑到沃茲尼克的家裡請教。就這樣，一來二往蓋瑞成了費爾南德斯的指導老師。

　　和賈伯斯一樣，蓋瑞的兒子史帝夫‧沃茲尼克對電子產品也有天生的興趣，在很小的時候就喜歡電子產品，甚至可以毫不誇張地說，沃茲尼克對電子產品的痴迷程度和專業程度絕對在賈伯斯和費爾南德斯之上。沃茲尼克比賈伯斯大五歲，但當時他已經是遠近聞名的電子學小專家。

　　也許沃茲尼克和賈伯斯天生就要成為好朋友，兩個人的性格非常相似，同樣孤僻，同樣對老師說的話不屑一顧，同樣喜歡搞惡作劇，同樣是學校裡調皮搗蛋的高手，最重要的是同樣喜歡電子產品。

　　即便沃茲尼克愛搞惡作劇，學習成績也不怎麼樣，喜歡由著性子做事，但這並不影響他成為一名優秀的程式設計員。

　　因為對電子產品同樣痴迷，所以每當費爾南德斯來到家裡向父親請教問題的時候，沃茲尼克也會加入到討論之中，並提出解決方案。就這樣，沃茲尼克和費爾南德斯就漸漸熟識起來，而

且沃茲尼克也成了費爾南德斯崇拜的偶像。

就在費爾南德斯與沃茲尼克興致勃勃地研發他們的電子裝置的時候，賈伯斯已經是霍姆斯特德高中的一名學生了，而這所學校也是沃茲尼克當年上學的地方。

賈伯斯雖然沒有見過沃茲尼克，但他在學校裡早已知道了沃茲尼克的鼎鼎大名。因為在賈伯斯和費爾南德斯學習的電子學課程中，任課老師總是不斷向他們提及沃茲尼克，說他是最優秀的學生，幾乎獲得過所有學科比賽中的獎項。

老師的誇獎讓一直為自己電子學知識自豪的賈伯斯感到很不服氣，他想見見別人眼中的「天才」人物到底是什麼樣子。

於是，有一天費爾南德斯將賈伯斯帶到了他們工作的車庫。在這裡，賈伯斯第一次見到了沃茲尼克。在觀看完沃茲尼克研發的裝置後，賈伯斯興奮異常，他簡直驚呆了，以前他總是覺得自己在電子學方面的知識是無人可比的，可是，當他見到沃茲尼克的時候，他的想法改變了。

賈伯斯這時不得不承認，在電子學方面，沃茲尼克是自己遇到的第一個水準比他高的人。對於賈伯斯這樣一個自信到都有些自負的天才來說，要他如此評價一個人是非常難得的。

但是相較於賈伯斯的異常興奮，沃茲尼克卻多少顯得有些「冷淡」，因為在他看來，賈伯斯只不過是一個對各種電子器件感興趣而在實際操作方面一無所知的小男孩。不過在後來的接觸

中，兩個人因為性格的相似和共同的愛好，逐漸成了很好的朋友。他們經常在一起滔滔不絕地討論感興趣的話題，甚至一起搞惡作劇。

在惶恐而孤獨的中學時代，賈伯斯在沃茲尼克的陪伴下不斷成長，更使得賈伯斯將對電腦的喜愛上升為製造電腦作為其畢生事業的理想。

一九七一年十月，十六歲的賈伯斯偶然在雜誌上看到了一個關於「藍盒子」的報導。報導中稱這個名為「藍盒子」的設備，可以盜取電話電路，使擁有「藍盒子」的用戶可以免費撥打電話。因為這套裝置外觀是一個藍色的盒子，所以被稱為「藍盒子」。

出於好奇，賈伯斯將這則消息拿給了沃茲尼克，沃茲尼克看完後，用肯定的語氣告訴賈伯斯：「我同樣可以製造這種設備，甚至做得更好。」

既然說出了「豪言壯語」，兩個人很快就不約而同地開始了「藍盒子」的設計。儘管在設計「藍盒子」的過程中困難重重，但他們沒有洩氣。

沒有材料，他們就四處找低價的替代品，雖然遭遇了無數次的困難和失敗，但他們都是不會輕易放棄的人。經過努力，他們竟然也設計出了一套可以免費盜打電話的設備。

並且，沃茲尼克設計的這套設備比之前的「藍盒子」更為先

進。其最大的優點就是，它不需要開關，當有人撥打電話時，這個裝置就會自動啟動。

成功後，賈伯斯得意地說：「我們簡直入迷了，一個小小的匣子就能把電話打到世界各地。」

此時，愛搞惡作劇的沃茲尼克和賈伯斯仍然沒有改變這個愛好。沃茲尼克曾經使用「藍盒子」給羅馬教廷所在地梵蒂岡打電話，聲稱自己是美國國務卿。為了增加可信度，沃茲尼克打電話的時候還特別模仿了國務卿的德國口音。他要求和當時的羅馬教皇通話。當被告知羅馬教皇正在睡覺時，沃茲尼克假裝生氣地掛了電話。

在滿足了好勝心後，具有商業天賦的賈伯斯從中發現了巨大的商機，開始到處兜售他們的「藍盒子」。

剛開始，賈伯斯把「藍盒子」的價格只定在四十美元，但是看到「藍盒子」十分暢銷後，他把價格提升至一百五十美元。儘管這樣昂貴，人們的購買熱情依舊不減。

很有經商頭腦的賈伯斯每賣出一個「藍盒子」，都要附送一張卡片，卡片上寫著一句「全世界掌握在你手中」。而這張卡片不僅成為了「藍盒子」的宣傳廣告，也成了「藍盒子」的保修卡。

但是，隨著盜打電話的人越來越多，電話公司採取了嚴厲措施來清查這些盜打電話和販賣這種設備的人。於是賈伯斯在經歷幾次險些被警察抓住的危險後，決定關門大吉。

這時賈伯斯已經賣出了兩百個「藍盒子」，這段經歷不僅為他帶來了一筆不小的收益，更為他後來創業打下了一定的基礎。

這時，賈伯斯認識到了知識的重要，他的學習也大有進展，並且，他開始花費精力專門研究藝術和文學，認真研讀莎士比亞的作品。

創立蘋果公司

一九七五年一月，在《大眾電子學》雜誌封面上刊登了一則驚動世人的消息：世界上第一台個人電腦 Altair 誕生了！

在介紹個人電腦的文章中，該雜誌還用煽動性的文字寫道：「這標誌著人們一直爭論的『個人』電腦誕生了。」

這一消息一經傳出，立即在熱愛電子學的群體中掀起了一股研究熱潮，這其中就包括沃茲尼克。賈伯斯覺得這是個大好機會，便和沃茲尼克一起加入了業餘電腦用戶小組。

該小組是由熱愛電子學的愛好者組成的，他們有著一個共同的夢想，就是組建自己的電腦。在小組的聚會裡，他們互相交流自己的想法，並向組員們展示自己的最新研究成果。

當時大多數的小組組員都將自己的精力集中在價值一百七十八美元的 Intel 8080 晶片上，它是微儀系統 Altair 8800 的核心部件。

　　沃茲尼克覺得 Intel 微處理器雖然給人的印象深刻，但是價格對於他這樣的窮小子來說過於昂貴了，他沒有過多的錢去購買 Intel 微處理器。因此，沃茲尼克開始尋找價格不高的替代品。

　　在一次展示會上，沃茲尼克發現 MOS Technology 6502 晶片可以代替 Intel 微處理器，而這種晶片只售二十美元。於是，沃茲尼克便開始研究如何讓 MOS Technology 6502 晶片代替 Intel 微處理器的工作。最終，沃茲尼克編寫了一個 BASIC 編譯程式，以便讓 6502 晶片正常運作。緊接著，沃茲尼克開始基於 6502 晶片設計電腦。

　　一九七六年三月一日，沃茲尼克將自己設計的電腦基本方案在業餘電腦用戶小組的聚會上首次展示。

　　這個令人耳目一新的設計第一次展出，賈伯斯就立即意識到沃茲尼克設計的電腦具有賺錢的潛力，於是，賈伯斯便極力遊說沃茲尼克生產印刷電路板並將電路板作為產品銷售。

　　沃茲尼克說：「你沒有設計一個電路、設計一個方案或編寫一段代碼，但是你卻從來不曾放棄銷售電腦的念頭。」

　　賈伯斯嘿嘿一笑說：「是的，在設計這方面我確實不如你，但你相信我，我們先大量宣傳並銷售一些產品。」

　　雖然賈伯斯野心很大，但沃茲尼克卻同他不是一個心思。那時的沃茲尼克每年能從惠普公司的電腦部門領到兩萬四千美元的薪水，這對他來講，已經足以讓他過得舒適，他不想放棄這樣

安逸的生活去爭取沒有定數的個人電腦市場。

　　儘管賈伯斯極力地說服沃茲尼克一起開辦電腦公司，但沃茲尼克卻沒有答應。但是，沃茲尼克希望透過惠普公司將自己的發明發揚光大。於是努力說服惠普公司考慮製造微型電腦。

　　但是沃茲尼克最終失望了，惠普公司當時對製造微型電腦並不感興趣。

　　遭到挫折後，沃茲尼克又透過賈伯斯找上了阿塔里公司。在製造好以該電路板為基礎的 Apple Ⅰ 後，他們向阿塔里公司的奧爾康展示了該產品。就在這時，阿塔里公司推出了首款 Home Pong 遊戲，該遊戲是如此之大，以至於他們都忙不過來。奧爾康他們認為，Apple Ⅰ 是好東西，但是他們有其他大量的事情要做。

　　在被兩個僱主拒絕後，賈伯斯終於說服了沃茲尼克與他一起開辦電腦公司。由於不知道公司能否營運成功，所以他們兩人都沒有辭去原來的工作。

　　開辦電腦公司，最大的問題就是資金。為了籌集創業資金，賈伯斯以一千五百美元的價格賣掉了他的大眾汽車，而沃茲尼克則以兩百五十美元賣掉了自己心愛的惠普 65 可編程電腦。

　　為了節省資金，他們還把賈伯斯家的車庫作為公司的辦公室。於是，「蘋果電腦公司」就從一個雜亂的車庫中誕生了。

　　當時這個蘋果公司的名稱也是賈伯斯起的。

當時，賈伯斯和沃茲尼克正沿著 85 號高速公路驅車行駛，賈伯斯突然興奮地嚷道：「我想到了一個很棒的名字，就叫它『蘋果電腦公司』。」

賈伯斯說完後，沃茲尼克立即就想到了英國那個著名的披頭四唱片公司也叫「蘋果公司」，這讓沃茲尼克十分擔心，因為他們可能會遇到版權方面的麻煩。

於是，他們倆都試著從技術方面考慮單詞的組合，如 Executek 和 Matrix Electronics，但是試了十多分鐘後，我們都認為找不到比「蘋果電腦公司」更好的名字。

正如沃茲尼克所預料的那樣，因為這個公司名稱，他們遇到了一些麻煩。英國蘋果公司創建於一九六八年，他們不希望任何人侵犯其徽標。一九八一年十一月，英國蘋果公司與蘋果電腦公司達成祕密協議，對徽標的使用做了一些限制，並註冊了各自的徽標。蘋果電腦公司向英國公司支付八萬美元，獲得在世界範圍內電腦產品上使用「蘋果」名稱的授權，但是英國蘋果公司保留在音樂領域使用「蘋果」的權利。

這也就是說，蘋果電腦公司在音樂領域不具備使用「蘋果」的權利。

名稱商量好了，一切準備工作也都基本上做好了，接下來就是應徵僱員了。賈伯斯很快就說服了在阿塔里公司與他共事的羅納德‧傑拉爾德‧韋恩，一起參加這個蘋果電腦公司。

　　當時已經四十一歲的韋恩是阿塔里公司的首席設計師，雖然他在年齡上比賈伯斯大了二十歲，但他們卻是很好的朋友，他們經常深入探討賺錢的道德問題。

　　當然，韋恩加入這樣一個不起眼的小公司也是有條件的。賈伯斯給了他百分之十的公司股份。至於其他股份就由賈伯斯和沃茲尼克兩人平分。

　　就這樣，他們三個人於一九七六年四月一日，即愚人節那天，正式起草了「蘋果電腦公司」的合作夥伴協議，「蘋果電腦公司」正式成立。

　　因為他們三個人白天都有工作，所以他們的創業只能放在下班後。即使條件艱苦，而且時間也不寬裕，他們還是盡快生產出了第一批印刷電路板。

　　電路板生產好後，賈伯斯就開始尋找客戶。在業餘電腦用戶小組的聚會中，賈伯斯的激情演說引起了一個人極大的興趣。這個人就是保羅·特雷爾。

　　特雷爾當時經營著一家電腦零售連鎖店。就在聚會後的第二天，賈伯斯就來到了特雷爾的店裡，極其熱切地向他推銷自家公司生產的電路板。

　　特雷爾對賈伯斯說：「如果你們能裝配出 Apple I 的機型，我要買五十台，每台價格五百美元，貨到後我會立即支付現金。」

　　賈伯斯對於兩萬五千美元的訂單興奮異常，但還是不放心地問：「有其他條件嗎？」

　　特雷爾微笑著答道：「就只有一個條件，那就是要完全裝配好的電腦。」

　　拿到訂單的賈伯斯十分高興，沃茲尼克和韋恩就沒有賈伯斯那麼樂觀了。他們的本意是只生產每個二十五美元的裸電路板，並以五十美元的價格賣給電腦愛好者，讓這些愛好者自己去裝配電腦，可是賈伯斯卻想自己裝配好電腦出售。這樣固然利潤要多很多，但同時面臨的問題也就相應增加了，最起碼資金方面他們就搞不到。

　　賈伯斯也知道他們在資金方面有很大的問題，但是他有信心可以用貸款方式購買裝配電腦的零件。

　　帶著特雷爾的訂單，他幾乎跑遍了整個矽谷，最終找上了大型電子零件分銷商。當賈伯斯說他拿到了特雷爾的訂單時，對方並不相信：「過幾天我會和特雷爾通電話，以證明這個訂單的真實性，然後再考慮為你貸款的事情。」

　　一般人聽到這樣敷衍的話就知道沒希望了，但是賈伯斯卻不這樣認為，他堅持說：「不用過幾天，您現在就向特雷爾確定訂單的真實性。」

　　最終，賈伯斯得到了五千美元的貸款。不過對方提出了貸款條件：三十天內必須償還貸款。這就意味著，蘋果電腦公司必

須在三十天之內，裝配好所有為特雷爾提供的五十台電腦，然後利用特雷爾支付的現金付清貸款。

信心百倍的賈伯斯毫不猶豫地答應了貸款條件。

韋恩得知了這個貸款條件後，大驚失色。他十分擔心蘋果公司會因此陷入債務危機，於是便決定退出蘋果公司。於是，在公司成立不到兩週時，韋恩獲得了一次性八百美元的現金後，放棄了百分之十的股票。

遭受到韋恩的「背叛」後，賈伯斯心中更加堅定了自己一定要成功的決心。他讓自己的妹妹佩蒂和里德學院的好友丹尼爾·科特肯幫助自己透過手工大量組裝需要的電腦，以便趕在零部件的應付款到期之前完成。

透過夜以繼日的努力，他們終於按時完成了特雷爾的訂單。

但是，當賈伯斯帶著他組裝好的電腦來到特雷爾的商店時，特雷爾看著那些裝滿元件的主板顯得十分驚訝。因為特雷爾所說的「裝配好的電腦」意思是指完成所有組裝的工作，包括機殼、電源、螢幕和鍵盤，但賈伯斯提交的貨物卻遠遠沒有達到這個標準。

儘管如此，特雷爾還是按照約定支付了現金。這樣一來，蘋果公司就可以按時付清零件供應商的貸款。

除了付清所有貸款外，蘋果公司在這筆交易中大概還賺了八千元，這讓賈伯斯興奮不已，也讓他更加肯定自己的做法是對

的，同時也增加了沃茲尼克的信心。

本來沃茲尼克一直覺得賈伯斯把價格定得太高了。最初賈伯斯把價格定在七百七十七美元，在沃茲尼克的堅持下，他將價格調到了六百六十六美元一台，這個價格是製造成本的兩倍，並允許經銷商以五百美元一台進行批發。這個價格還是在賈伯斯和沃茲尼克兩人互相妥協之後才確定的。

沃茲尼克一直覺得自己用幾天時間發明出來的東西不可能值那麼多錢，但透過這一次的交易，沃茲尼克突然明白，原來自己的這種愛好是可以賺錢的。

這讓沃茲尼克萬分驚訝，他評價說：「這次交易是最出乎意料的一次生意。」

從這次交易中嘗到甜頭後，蘋果公司又生產了大約一百五十台電腦。隨著個人電腦在生活中普及，賈伯斯越來越覺得蘋果公司的發展潛力是不可估量的。

賈伯斯下定決心：讓世界改變你，還是你改變世界？一般的人心隨境轉，被他人左右，被世界改變；有作為的人境隨心轉，改變世界，我就要做那樣的人。

這時候，擺在賈伯斯面前的問題是：如何讓蘋果公司給人留下更深刻的印象，如何讓蘋果公司發展壯大！

確定公司徽標

「蘋果公司」剛成立時，賈伯斯就考慮到了徽標這個問題。最初蘋果公司採用的是韋恩設計的徽標——牛頓靠著蘋果樹學習，並在邊緣部分環繞著威廉姆·沃爾茲沃斯的詩詞。

隨著電腦的銷售，賈伯斯越來越覺得韋恩設計的徽標過於理性和複雜了，很難讓人一眼記住，應該換個醒目的徽標！

在考慮換個什麼樣的徽標的同時，賈伯斯也留意到市場上的 Apple I 銷量並不是特別喜人。如果要搶占個人電腦市場還是要靠更為先進的個人電腦產品。所以他便把自己的想法告訴了沃茲尼克，他相信這個朋友一定能夠設計出最優秀的電腦產品。

他們把在 Apple I 基礎上改造的個人電腦稱作 Apple II。因為 Apple I 讓賈伯斯十分看好個人電腦這個市場，所以他便從阿塔里公司辭職，專門照顧自己的蘋果公司。

在賈伯斯的堅持下，後來沃茲尼克也從惠普公司辭職，將全部精力都放在了開發 Apple II 上。

就在沃茲尼克努力改進電腦的時候，賈伯斯也在四處尋找可以為蘋果公司電腦設計徽標的能人。

經過一段時間的觀察和研究後，賈伯斯發現英特爾電腦的廣告設計十分有技巧。英特爾在宣傳產品時從來都不是直接針對產品本身作宣傳，而是靠電腦的替代形象，比如撲克牌、漢堡包

等，來讓人們記住英特爾的品牌。

英特爾這種獨特的宣傳方式吸引了一大批熱衷購買英特爾電腦的消費者，這讓賈伯斯羨慕不已。

賈伯斯不光是羨慕，而是設法得到這種風格。他很快就了解到為英特爾設計廣告的是麥金納公司，便立刻就將電話打了過去。他在電話中直接表明了自己的目的——希望麥金納可以為蘋果公司設計一個特別的徽標和適合蘋果公司電腦的廣告。此外，賈伯斯還簡單地向麥金納介紹了自己公司的一些情況。

麥金納在聽完賈伯斯的介紹後，就把這項工作交給了負責新客戶業務的伯奇。

於是，賈伯斯立即索取了伯奇的聯繫方式。但當賈伯斯打電話給伯奇時，伯奇卻對蘋果公司的廣告業務絲毫不感興趣，他直截了當地在電話中拒絕了賈伯斯。

但賈伯斯卻是個從來就不知道「放棄」兩個字是怎樣寫的人。在接下來的日子裡，賈伯斯每天都打電話給伯奇，希望他能夠接受蘋果公司的業務。

不堪其擾的伯奇對賈伯斯的這種「執著」感到非常惱火。可即使他對賈伯斯發火，賈伯斯還是會照樣打電話來。

這一天，無法忍受電話「問候」的伯奇駕車去了蘋果公司所在的車庫。伯奇在開車去蘋果公司路上的時候，一直在想：「這個瘋子究竟想做什麼？ 我到他的公司待上兩分鐘，敷衍他之

後，就會起身走人。像他那樣的小公司，根本不會為麥金納帶來任何的利潤。」

去的路上，伯奇是這樣想的，但是在去過之後，伯奇卻改變了自己的主意。這並不是因為蘋果公司的設備或環境讓伯奇改變了主意，而是因為透過與賈伯斯的交談，伯奇發現賈伯斯不但不是個瘋子，反而是個十分精明的小夥子。

至於蘋果公司所在的車庫，當然完全沒有給伯奇什麼好感。事實上，伯奇十分看不慣賈伯斯在那樣的環境下創辦蘋果公司。當他走進車庫時，迎面而來的就是機器散發出來的刺鼻氣味。放眼望去，地板上都是一些雜物和髒衣服。

面對這樣的環境，差點讓伯奇不等見到賈伯斯就扭頭走人。

幸好賈伯斯及時迎了出來，熱情地邀請伯奇進去與他聊一會兒。

短短幾分鐘的交談，伯奇就被賈伯斯深深地吸引住了，之前對賈伯斯的所有不滿全部消失不見了，甚至還給予了他極高的評價。他覺得賈伯斯是一個精明得讓人難以置信的小夥子。同時，伯奇也被他所說的 Apple II 深深吸引了，伯奇甚至說：「我相信 Apple II 會成為引發個人電腦革命的機種。」

雖然伯奇對賈伯斯本人給予了很高的評價，而且十分看好 Apple II 的前景，但是他依然沒有答應賈伯斯幫助蘋果公司設計徽標。這不僅僅是因為他擔心賈伯斯付不出高額的設計費用，

更重要的是他只是個業務員，在設計徽標方面沒有什麼過人的才藝。

在知道伯奇拒絕的原因後，賈伯斯還是沒有放棄讓麥金納公司為蘋果公司設計徽標的念頭。這次，他不再聯繫麥金納公司的員工，而是直接打電話給麥金納，而且比給伯奇打電話的次數還要多，基本上他每天都要打三四個電話給麥金納。

賈伯斯的固執讓麥金納的祕書終於受不了了，最終只好破例讓麥金納接了賈伯斯的電話。

麥金納在電話中聽到了賈伯斯的「瘋狂演講」，不知麥金納是被賈伯斯說動了，還是實在受不了賈伯斯的「瘋狂」舉動，反正最後麥金納答應了為蘋果公司設計徽標和廣告的請求。

一九七七年年初，在麥金納的授意下，麥金納公司的會計主管比爾·凱萊和藝術總監羅布·雅諾夫開始著手設計蘋果公司的徽標。

最初，他們採用的是黑白兩色的蘋果輪廓，但是總感覺少了點什麼東西。最後在雅諾夫的提議下，他們將蘋果輪廓從邊上去了一塊。

雅諾夫這樣解釋他的建議：「我想簡化蘋果的形狀，從外側咬上一口，就一點，好嗎？ 這樣可以防止蘋果看上去像櫻桃或者番茄，而且蘋果外側咬的那一塊還可以嵌入小寫的公司名稱。」

　　賈伯斯對這個徽標的形狀十分滿意，唯獨在徽標的用色上，他堅持要用彩色。所以最終雅諾夫添加了六色水平的橫條，以便彰顯 Apple II 電腦出色的彩色處理能力。

　　儘管用黑色細線分隔綠、黃、橙、紅、紫和藍色橫條可以減少複製時的註冊問題，但是賈伯斯還是拒絕了這個提議。

　　經過一番周折，蘋果公司的徽標終於產生了，雖然這個徽標花費了蘋果公司大量的資金，但是這個徽標對蘋果公司來說絕對物超所值。

　　這個神祕的徽標，是活力和知識的象徵，被咬掉一口，彩色橫條顏色的順序與彩虹的順序不同。這個徽標再恰當不過了，它集活力、知識、希望和無拘無束於一身。

　　除了這個徽標之外，麥金納公司作為專業的廣告公司，還為蘋果公司在哪裡投放廣告提出了極好的建議。

　　麥金納公司知道依照賈伯斯的性格，肯定不會滿足蘋果公司電腦只在一些電腦愛好者中流傳，他要做就要做到讓世人皆知。因此麥金納公司特意建議賈伯斯在《花花公子》雜誌上刊登廣告。

　　之所以選擇《花花公子》雜誌，麥金納公司也是經過周密的考慮後才決定的：一來是因為該雜誌的讀者很多；二來是因為讀這本雜誌的多為男性，而一般購買個人電腦的都是男性。

　　在《花花公子》雜誌上刊登廣告，固然會讓蘋果公司電腦進

入眾多電腦用戶的眼界，再加上蘋果公司電腦令人難以遺忘的徽標，必然會引起消費大眾的注意，繼而引起消費熱潮。但是賈伯斯還有一個重大問題沒有解決，那就是投放廣告的資金。

　　一九七〇年代，《花花公子》雜誌更是創下了不可超越的銷售奇蹟，一九七二年十一月版的《花花公子》創下銷售超過七百萬冊的紀錄。

　　賈伯斯打算在《花花公子》雜誌上投放廣告時，正是該雜誌銷售量最為喜人的時候，因此其廣告費會有多昂貴就可想而知了。

獲得馬庫拉投資

　　當公司發展到一定階段時，想要擴大規模，往往會遇到資金緊缺的問題，賈伯斯的蘋果公司也不例外。

　　憑藉著 Apple I 銷售所得的利潤，根本就不足以在《花花公子》上刊登廣告。賈伯斯決定尋找投資人。經過不斷的努力，賈伯斯終於找到了那個能夠幫助蘋果公司發展的貴人。

　　當時，除了在《花花公子》雜誌上刊登廣告要花費大量資金，就單是 Apple II 的製造成本，也不是他們能支付得起的。與 Apple I 製造成本低廉不一樣，Apple II 每台的成本都至少需要幾百美元。

　　這些問題都壓在賈伯斯身上，沃茲尼克只顧著研究技術上

的問題，從來都不知道他們已經遇到了資金問題。賈伯斯知道，在資金方面沃茲尼克是幫不上任何忙的，一切只能靠自己，而自己根本拿不出那麼多錢。

當賈伯斯正在為怎樣才能籌集到更多資金發愁時，沃茲尼克還反問他說：「我們沒有錢嗎？」

這時候，籌集資金的事只能讓賈伯斯想辦法了。苦於沒有資金，賈伯斯甚至還產生過把公司賣掉的想法。

有一天，賈伯斯聽說電腦製造商渴望進入新興的電腦市場後，他立刻邀請幾位代表來到自己的「車庫公司」。

那幾位代表來到蘋果公司，觀看了螢幕上顯示的高解析度彩色螺旋線和當時很出色的 Apple Ⅱ 電路板，產生了濃厚的興趣。於是，賈伯斯提議以十萬美元現金出售公司，並提供一定的股票，以及給他和沃茲尼克每年三萬六千美元。

賈伯斯給對方出了這麼高的價錢，就連親手設計 Apple Ⅱ 模型的沃茲尼克也不能認同了：「史蒂夫，我認為這要求比較狠。我們只投入了一年的人工，這樣的要價有些太高。」

不過，沃茲尼克還是非常高興進行這筆交易，因為他熱衷於製造電腦而不是公司。

沃茲尼克的父親也對賈伯斯的要求感到驚異，只是驚異的原因不同罷了。他覺得賈伯斯是在利用自己的兒子，所以老沃茲尼克告訴賈伯斯：「史蒂夫，你不能胡鬧。」

不管別人怎麼說，賈伯斯都要按照自己的主意做下去，但是最終這筆交易卻沒有成功。

至此，賈伯斯徹底打消了出售公司的想法，繼而開始到處尋找資金。

正在這時，為蘋果公司設計徽標的麥金納建議賈伯斯去拜訪一下他們的董事唐·瓦倫丁。同時告訴賈伯斯：「瓦倫丁也是阿塔里公司的投資人，或許你可以從他那裡得到風險投資。」

賈伯斯知道，有很多企業在發展中期都是依靠風險投資人來解決資金方面的問題的。因此當他從麥金納那裡知道了瓦倫丁的聯繫方式後，馬上和瓦倫丁取得了聯繫，並邀請他到蘋果公司實地考察一下。

於是，瓦倫丁便開著他的賓士汽車來到了蘋果公司。當看完沃茲尼克研發的最新一代蘋果電腦，聽完賈伯斯為公司設定的宏偉銷售計劃後，瓦倫丁很直白地拒絕了他們：「你們根本就不懂市場行銷，對未來的市場規模也沒有一個明確的概念，這樣你們不會開拓更廣闊的市場。」

雖然瓦倫丁拒絕了他們，但他臨走時也好心地給了他們一個建議，那就是蘋果公司需要一位專業的市場專家，並表示他可以為賈伯斯找到風險投資基金。

儘管有了瓦倫丁的口頭承諾，但賈伯斯並不放心。在瓦倫丁參觀過蘋果公司之後，賈伯斯每天都要打三四個電話給他，就

像他當初對麥金納公司所做的一樣，不斷地詢問他是否已經為蘋果公司找好了風險投資人。

最後，瓦倫丁抵擋不住賈伯斯的「堅持」，終於給蘋果公司引薦了一個叫麥克·馬庫拉的風險投資家。

當時的馬庫拉才三十四歲，卻已經是矽谷知名的百萬富翁了。他曾在南加州大學取得電氣工程碩士學位，在美國休斯公司擔任技術職務。

當英特爾還是一家小公司的時候，馬庫拉投資了英特爾。後來英特爾成功上市，馬庫拉也因此一夜暴富。

當賈伯斯找到馬庫拉的時候，他剛剛從英特爾退休，過著悠閒自得的生活。馬庫拉被賈伯斯的雄心壯志和沃茲尼克的設計能力所折服，而且他對未來個人電腦市場的發展有著精準的判斷力。

馬庫拉長期在電腦領域工作，他知道微型處理器會給全世界的電腦帶來革命性的變化，因此在看過蘋果公司生產的Apple II的演示後，他幾乎是當即決定幫助蘋果公司制訂商業計劃。

意識到蘋果公司將會快速成長，同時也是為了能讓蘋果公司快速發展，馬庫拉將自己的九萬兩千美元都投在了蘋果公司，另外還由他擔保在美洲銀行得到了二十五萬美元的貸款。

融資完成後，賈伯斯、沃茲尼克和馬庫拉三人於一九七七

年一月三日正式成立蘋果電腦股份公司。為了避免日後在產權上產生任何法律糾紛，他們對公司作了資產評估。最終馬庫拉把賈伯斯和沃茲尼克的資產估價為全公司股份的三分之二，而他以自己投資的九萬兩千美元獲得了蘋果公司三分之一的股份。

此外，他們三個人還分配了各自的職位，賈伯斯擔任董事長，沃茲尼克擔任研發的副總裁，馬庫拉則出任副董事長。

在這時，蘋果公司支付了原先的創始人之一羅納德‧傑拉爾德‧韋恩的退股金，直至這時，韋恩才算與蘋果公司徹底沒有了關係。

多年之後，蘋果公司在那斯達克上市時，賈伯斯在蘋果公司百分之四十五的股份轉換成了七百五十萬股股票，按照這種計算方法，如果韋恩當初沒有堅持退股，那麼他的股份就等於一百六十多萬股股票。這麼多股份即使在上市時股價的最低點也值一千八百三十萬美元，更別說等到蘋果公司股價漲到最高價的時候了。

對於韋恩當初放棄蘋果公司股份一事，很多人都表示太遺憾了。但韋恩從來就不這麼認為，即使是蘋果公司股價瘋漲的時候，他說：「我不曾感到有任何遺憾，因為就當時能獲得的訊息而言我作出了最好的決定。我的貢獻沒有這麼偉大，我認為自己沒有以任何方式進行欺騙。」

韋恩之所以放棄蘋果公司股份，很大一部分原因是在這之

前，他經歷了關閉在拉斯維加斯的工程公司的感情痛苦，這讓他不敢再下大的賭注。

放棄股份，韋恩一直都過著最為平淡的生活，他繼續在阿塔里公司工作，直至一九七八年。這時他在實驗室找到了一份工作。

一九八〇年，韋恩開了一家小商店，賣郵票、硬幣和其他收藏品，韋恩的集郵公司非常成功，以至於他辭去了實驗室的工作。

一九八五年韋恩接受了一份操作開槽機械的工作。這家公司後來由開槽機械轉為生產軍用電子產品，這時韋恩也成了公司的首席工程師，他一直在這個職位上做到一九九八年十月。為了使自己充實，韋恩暫時經營網上郵票和硬幣業務，但是退休後他對這項業務沒有了興趣。

搬到佛羅里達後，韋恩成了高級設計工程師顧問，這家公司生產海底電纜和連接器。在任職期間，他又獲得了兩項專利。

二〇〇二年年底，六十八歲的韋恩開始移民紐西蘭，他計劃到紐西蘭做諮詢顧問。

按照當時他們三個人簽訂的合夥協議，從法律上來講，韋恩必須對蘋果公司發生的任何債務承擔無限個人責任。這恐怕是韋恩退股的最主要原因了。

韋恩退股了，馬庫拉卻來了。馬庫拉不僅把大量資金投入

到蘋果公司中，還為蘋果公司注入了優秀的管理人才。

在馬庫拉看來，如果蘋果公司要像他制訂的商業計劃書所要求的那樣快速成長的話，還需要經驗豐富的管理層。於是他便向之前的合作者麥可‧斯科特發出了邀請。

起初，斯科特並不樂意加入到這個還不成規模的蘋果電腦公司，不過在馬庫拉的誘使下，他最終還是加入了蘋果公司。

一九九七年二月，斯科特接受馬庫拉的邀請並受僱成為蘋果公司的首任總裁，年薪為兩萬六千美元，只是他在原先公司收入的三分之一。即使如此，斯科特還是盡心盡力地為蘋果公司服務。

在斯科特的幫助下，蘋果公司建立了早期的基礎架構。在美國最初對小公司施加影響的努力之一就是發放編號的身分徽章，這些徽章大致根據每位員工受僱的日期編號。

斯科特給自己的編號是七。因為這是他的幸運數字。他為沃茲尼克的身分徽章編號是一，因為在他看來蘋果公司的發展最主要的還是依靠沃茲尼克的出色設計。

賈伯斯的編號是二。這樣一來，賈伯斯就不樂意了，因為美國公司有這樣一條不成文的規定——徽章號碼越低，證明其在公司的地位越高。

賈伯斯匆匆地找到斯科特並請他重新考慮編號的事：「明明公司是在我的全力促使下才成立的，為什麼我的編號要在沃茲尼

克後面？」

偏偏斯科特也是個犟脾氣的人，他對賈伯斯說：「我自己堅持的事，別人很難改變，沃茲尼克的編號就是一。」

賈伯斯在意識到自己說服不了斯科特的同時，也想到了一個更好的主意，那就是自己採用零號，至此這件事情才算平息下來。但事實上賈伯斯的徽章是二號，因為美國銀行的存摺處理軟體不允許使用編號零。

經過這次事件後，賈伯斯與斯科特不和的消息就從公司裡傳了出來。他們兩個也確實存在一些不同意見，常常在公司內部因為一點小事而吵得不可開交。

儘管賈伯斯有時看不慣他，但不可否認的是，斯科特真的為初期的蘋果公司作出了極大的貢獻。而這一貢獻也得歸功於馬庫拉，因為是馬庫拉把斯科特請到蘋果公司的。

打上自己的烙印

賈伯斯雖然是蘋果公司的創始人，但因為他在技術上沒有任何貢獻，所以他認為，自己在公司的地位多少有些尷尬。

在早期的蘋果電腦公司，沒有人知道賈伯斯整天在做什麼，員工普遍認為他在為馬庫拉或者斯科特工作。

蘋果公司早期的軟體開發專家布魯斯這樣描述賈伯斯：「馬

庫拉從來不讓賈伯斯擁有任何權力，沒有人知道賈伯斯整天在做什麼。他只是偶爾出現在公司，他所做的唯一的事情就是向員工發表長篇激烈的不滿演講。」

甚至有員工態度強烈地表示：「如果真的是為賈伯斯工作，恐怕我們大多數人都要離開蘋果公司。」

當時，隨著蘋果公司電腦在電子行業初露鋒芒，賈伯斯意識到，要想搶占這個欣欣向榮的市場，必須不斷研發出更為先進的個人電腦產品。

但是，因為賈伯斯對電腦軟體幾乎一竅不通，所以開發新的個人電腦的任務自然仍舊落到了沃茲尼克的肩上。沃茲尼克決定在 Apple I 的基礎上進行操作系統的改進，並將其稱之為 Apple II。

這個時候，市場上的電腦使用的都是由比爾·蓋茲和保羅·艾倫開發的 BASIC 程式設計語言，但是它的價格過於昂貴。

沃茲尼克和賈伯斯決定開發自己的程式設計語言系統。

憑著努力和天賦，沃茲尼克終於設計出了一款優秀的個人電腦。而這台 Apple II 開闢了微型電腦歷史上的多項第一：第一次有塑膠外殼；第一次自帶電源裝置而無須風扇；第一次裝有英特爾動態，即隨機存取記憶體；第一次在主板上帶有 48K 記憶體；第一次可玩彩色遊戲；第一次設內置揚聲器介面；第一次裝上遊戲控制鍵；第一次具有高解析度圖形功能；第一次實現中

央處理器和主板共享。這台電腦實現了太多的第一次。

　　與市面上的其他電腦相比，Apple II 的優點還在於它的操作非常簡單，即便是不懂任何電腦知識的人也能操作。它是一台真正意義上的完整電腦，擁有自己裝配好的系統，包含處理器、記憶體、磁片驅動器、鍵盤、揚聲器、彩色顯示電路、電源等，這些全部集成在一個主機系統裡，用戶只需連上一台彩色螢幕或者電視機就可以使用。

　　另外，為了讓 Apple II 真正成為大眾產品，沃茲尼克總是想盡一切辦法來降低成本。因此 Apple II 價格比較便宜，僅為一千兩百九十八美元。

　　當時，賈伯斯在參加完一個電腦展銷會後說：

　　Apple II 真正飛躍性的發展就是它變成了一台電腦成品，而不再是簡單部件的組合。Apple II 是完整配置的，有自己的機殼、鍵盤，買回來後，你坐下來就能使用。

　　這真是 Apple II 的一大突破，因為它看上去像一件產品了。你也沒有必要收集 Apple II 的硬體，因為它已經是一件完美的產品了。

　　一九七七年四月十七日，這台由沃茲尼克設計的 Apple II 以精緻、便宜、操作簡單的優勢在電腦交易會上引起了轟動。這是歷史性的一次飛躍。

　　這台電腦憑藉著自身的優點，在交易會上占盡了風頭。原

先賈伯斯和沃茲尼克參加的電腦俱樂部的主持人在看到沃茲尼克
設計的磁碟驅動器後，驚訝地說：「我吃驚得差點掉了褲子！ 這
樣的設計太精妙了，我們實在想不出這些傢伙能設計出這樣完美
的產品。」

就這樣，在十多天內，Apple II 電腦的訂單就達到了三百
台。至一九七七年年底，蘋果公司已賣出四千多台 Apple II 電
腦。

隨後，蘋果公司又推出了 Apple II 的升級產品
Apple II Plus，將 Applesoft 和 VisiCalc 結合起來。

VisiCalc 是推出的商用程式軟體，是一種電子製表軟體。
由於廣闊的實用性，VisiCalc 很快就成了全球市場上最暢銷的
軟體程式，銷售量高達二十多萬件。

因為 VisiCalc 軟體只能在 Apple II 上運行，所以隨
著 VisiCalc 的成功，Apple II 的銷量也是飛速上升。裝上了
VisiCalc 的 Apple II，它的功能已經超出了家庭電腦市場的需
要，成為商業圈中的必備工具。

一九七九年，Apple II 的銷售量更是比一九七八年增加了四
倍。而這一年，蘋果公司電腦儼然已經成為個人電腦的代名詞。
至一九八〇年，蘋果公司的業績超過一億美元。

隨後，蘋果電腦搶占了個人電腦三分之一的市場份額。因
此，蘋果公司這樣評價 Apple II 電腦：「蘋果公司透過 Apple II

在一九七〇年代引發了個人電腦革命。」

　　就連業界巨頭比爾·蓋茲也不得不感慨:「我不過是賈伯斯第二,在我之前,蘋果公司電腦的飛速發展給人以太深的印象。」

　　Apple II 獲得了巨大的成功,所有人都把 Apple II 與沃茲尼克合為一體,認為沃茲尼克就代表著 Apple II,如果沒有沃茲尼克,就不會有 Apple II。

　　爭強好勝的賈伯斯雖然也因為 Apple II 的銷售而成為了百萬富翁,但是他並不甘心就這樣將榮譽拱手讓人。因此在 Apple II 的設計過程中,儘管賈伯斯對電腦軟體一竅不通,他還是「想方設法」地在 Apple II 上打下了自己的烙印。

　　既然不懂軟體,賈伯斯就從硬體上入手。首先是個人電腦的外殼,他認為對客戶而言,外形和功能同樣重要。

　　因為當時的個人電腦機殼大多都是粗糙的金屬外殼,因此賈伯斯就說:「我希望 Apple II 可以採用專業設計的塑膠機殼,要努力使 Apple II 的每個接口都要做得巧妙,完全採用流線型設計,那樣做才能讓顧客覺得賞心悅目。」

　　此外,賈伯斯還說:「我建議,將 Apple II 的風扇去掉。」

　　有人說:「史蒂夫,你瘋了嗎? 我們大家都知道電腦的電源會散發大量的熱量,如果沒有風扇將這些熱量散發掉,電腦就會被燒壞。」

　　但賈伯斯卻說：「不，在我看來，Apple II 電腦不需要風扇，因為風扇的噪聲會打破使用者內心的寧靜，讓人變得心神不寧。」

　　雖然賈伯斯的這一創意在別人看來是荒唐的，可是賈伯斯卻不以為然，他眨了眨眼睛說：「喏！只要能找到一種與眾不同的電源，讓它盡量少散發熱量，電腦裡就可以不安裝風扇。」

　　最終，賈伯斯和另一名工程師合作，設計出了一種非常複雜的電源轉換器，它重量比較輕，體積也不大，而且容易冷卻。

　　就這樣，賈伯斯最終為 Apple II 設計了塑膠機殼和一種特殊的電源轉換器，利用這種電源，Apple II 就沒有安裝風扇。賈伯斯成功地在 Apple II 上打下了自己的烙印。

　　但是，在常人看來，蘋果公司獲得的成功，完全是因為沃茲尼克，因為是沃茲尼克負責研發了 Apple II，而這與賈伯斯並無太大關係。

　　Apple II 之所以獲得成功，並不是來自於賈伯斯對機殼和電源的改進，而是來自沃茲尼克對電腦軟體的準確把握，沃茲尼克比誰都清楚電腦程式對電腦開發和電腦用戶的重要性。沃茲尼克為此付出了太多的努力。

　　Apple II 推出的系列產品中所有的程式都是採用 Applesoft 編寫的。採用 Applesoft 的用戶不再需要透過磁帶或軟體輸入程式，用戶只要一打開電腦，就可以自動運行相關的應用程式。

有一位資深的用戶說：「可以說，如果沒有這些人性化、操作簡單的軟體程式，即便是擁有再優秀、再賞心悅目的外殼，Apple II 也不會成功。」

沃茲尼克也揶揄地說：「賈伯斯沒有設計一個電路、一個方案或編寫一段代碼。」

DOS 發明人加里·基爾代爾也曾說：「蘋果公司真正的靈魂人物是發明 Apple II 個人電腦的沃茲尼克，他是創造這一切的技術天才。」

事實擺在眼前，然而這樣的事實讓渴望掌握一切、渴望成功的賈伯斯心理上產生了巨大的挫敗感，他感到落寞而失意。他感到了自己的失敗。

賈伯斯希望自己能成為像沃茲尼克一樣受人尊敬的技術天才，因此他才千方百計地在 Apple II 上打下自己的烙印，儘管在別人看來這樣的「烙印」是那麼的微不足道。

發展「蘋果」

禪學重視經驗，不重視智慧。我對那些能夠超越有形物質或者形而上的學說極感興趣。

—— 賈伯斯

考察中獲得靈感

Apple II 獲得了巨大的成功，並再一次改寫了個人電腦的發展歷史，而蘋果公司、沃茲尼克乃至賈伯斯都會因此被載入史冊。

儘管由於 Apple II 在市場取得的巨大成功，為賈伯斯帶來了巨額的財富，但因為缺乏研發技術，他的內心一直充滿了挫敗感。因此他迫切希望自己能研發出一款比 Apple II 更為先進的電腦來改變他在蘋果公司的尷尬地位，從而確立自己老大的威信。

賈伯斯那一向不服輸的心態強烈地膨脹起來，他想向所有人證明，在蘋果公司不僅僅沃茲尼克是電腦技術天才，他賈伯斯也是一位不折不扣的技術天才。而研發一款更為完美的電腦產品，則是賈伯斯打敗沃茲尼克最有效的途徑。

他的目標是研發一款性能超過以前所有電腦的產品，而這款新型電腦形象應該是人們沒有見過的，甚至是連想像都想像不到的。賈伯斯甚至為這款完美的電腦產品起了一個美麗的名字——Lisa。

「Lisa 計劃」在腦中成形之後，設計「Lisa」就成了賈伯斯當時最大的夢想，而且他內心的研發慾望也日漸強烈。為了讓「Lisa」一出世就可以一鳴驚人，賈伯斯不惜花費一百萬美元的代價，兩次來到全錄公司的帕羅奧圖中心考察，以了解當時個人

電腦的最新發展情況。

一九七○年，全錄公司為了獲得尖端訊息技術，收集了很多電腦設計方面最好的想法，並將之保存在加州的帕羅奧圖研究中心。研究中心研究員的使命是要創造未來的電腦，而不用考慮他們創造的電腦作為商品行銷時是否可行。

雖然這家研究中心並不為公眾所知，但是在矽谷的電腦業內可是大名鼎鼎，它曾被稱為電腦研發聖地，是一個「烏托邦般的電腦技術王國」。

矽谷的技術天才們每當提到帕羅奧圖研究中心時，都充滿了敬畏。因為這裡有世界上最新的電腦技術、頂級的電腦技術天才，還掌控著最新的個人電腦研發水準。

所以，當賈伯斯要實現他的「Lisa」夢想時，就不得不來拜訪一下這個電腦研發聖地。

但是全錄公司帕羅奧圖研究中心對外界是高度保密的，因此賈伯斯要到帕羅奧圖研究中心考察一番是需要付出代價的。

為了能進入帕羅奧圖研究中心考察，賈伯斯找到了全錄公司的風險資金管理部門，並對那裡的負責人說：「假如你們讓我們考察一下帕羅奧圖研究中心，你們就可以在蘋果公司投資一百萬美元。」

賈伯斯開出的條件是相當誘人的，因為那時蘋果公司的發展正憑著 Apple II 的成功如日中天，而且正處在第二次私募資

金的階段。對全錄公司而言，這筆交易是非常可觀的，如果能夠購買蘋果公司上市前的股票，一旦蘋果公司上市成功，全錄公司就會獲得豐厚的收益。

賈伯斯透過讓全錄公司購買每股十美元，一共十萬股的股票，獲得了兩次到帕羅奧圖研究中心考察的機會。事實也證明，當蘋果公司的股票上市後，全錄公司所掌握的股票價值達到了一點七六億美元。

而且，當時帕羅奧圖研究中心的那些實驗產品在那裡已經六年了，它們在全錄公司很可能永遠不會被投放到市場上。因此，他們同意了賈伯斯的建議。

一九七九年十一月，賈伯斯懷著研發新型電腦的強烈願望，第一次來到了全錄公司的帕羅奧圖研究中心。

在帕羅奧圖研究中心，賈伯斯和蘋果公司的工程師阿金森大開眼界。全錄公司的電腦專家向他們展示了一台驚人的 Alto 電腦。其中，拉里·泰斯勒為他們演示了 Alto 的工作流程，展示了用戶選擇操作指令。

賈伯斯看到 Alto 電腦的用戶在進行選擇時不用再鍵入複雜的指令，而是透過一根移動的指標就能完成所需要的指令。它可以在電腦螢幕上自由選擇選單、自由切換窗口，用戶可以看到可移動的重疊窗口。

除此之外，Alto 電腦內還裝有文字處理系統，影印時可

以顯示頁面內容。這部電腦最具有特色的地方是有一個網路系統——以太網路，這個網可以使辦公室內多台電腦共享文件和訊息。

還讓賈伯斯驚奇的是，在電腦桌面上用手移動一個小東西，就能控制螢幕上的插入點，這個東西後來被叫做滑鼠。

這是前所未有的創造，當賈伯斯看到 Alto 的時候，他簡直驚呆了。他在全錄公司忍不住興奮地喊道：「你們為什麼不拿這個做點什麼？這些東西太棒了，它將是革命性的！」

這台電腦上的很多特徵後來成為了個人電腦中不可或缺的東西。例如：圖形用戶介面，利用它可以讓個人電腦用戶以非文字指令輸入的方式與電腦互動；點陣影像圖，可以把文字和攝影合併起來；還有一個一點即成的神奇設備「滑鼠」。這台電腦還具有網路連接器、簡單便捷的彈出選單、移動窗口等。

可以說，Alto 已經為現代的個人電腦構造了基本雛形，這無疑是一項革命性的偉大發明。然而實際上，這台人們聞所未聞的「偉大」設備在全錄公司的實驗室中已經閒置了六年。直到賈伯斯的出現，才結束了。

當時全錄為防止影印機等核心業務受到衝擊，並沒有將更多的精力投放到電腦新技術的生產上。因此全錄公司所有人都沒有看到它潛在的巨大商業價值，更沒有成為這些偉大技術的最大受益者。

正如後來賈伯斯在一檔談論個人電腦歷史的電視節目中所說的那樣：「全錄公司完全可以在今天擁有整個電腦產品，完全可以比現在的規模大上十倍，完全可以成為一九九〇年代的IBM，完全可以成為一九九〇年代的微軟。但他們卻讓這麼偉大的發明擱置了六年。」

更可惜的是，全錄公司的老闆不是一個「識貨」的人，因此全錄公司也沒能成為一九九〇年代的微軟。

而賈伯斯雖然沒有設計天才，但他卻的的確確是個「識貨」的人。他知道圖形用戶介面、滑鼠、區域網路、檔案伺服器和創新的軟體應用程式的價值，而這些也恰恰是他想要的東西。這就是賈伯斯的敏銳觀察力。

賈伯斯在帕羅奧圖研究中心考察的過程中，他異常認真，以至於剛開始泰斯勒以為他們也是一批黑客，對電腦科學一竅不通，可是稍後，從他專注的眼神和關心產品的細微之處的所有提問中，泰斯勒知道自己錯了。

賈伯斯帶著蘋果公司的工程師們來到了帕羅奧圖研究中心，泰斯勒對蘋果公司這一群人也感到非常吃驚：「以前也有很多人參觀過帕羅奧圖研究中心的展品區，包括全錄公司的電腦專家、大學教授、學生，而賈伯斯他們提出的問題是我來全錄公司七年來所聽過的最有水準的問題了。」

泰斯勒說：「賈伯斯他們提出的問題，不僅表明他們關心帕

羅奧圖研究中心展品的細枝末節,也表明了他們在電腦研究領域的專業素養。」

賈伯斯抱定了如此虔誠的態度,因此在考察結束之前,蘋果公司的工程師們就看懂了 Alto 的工作原理。

賈伯斯很珍惜考察的機會,他相信這些創造性的研發會改變他乃至整個電腦行業的歷史。就像全錄公司的研究院在分析賈伯斯與其他所有造訪者的不同時所說的:「造訪者中身價數億美元的富豪寥寥無幾,因此多數造訪的人都不能回去宣布說這就是他想要的。」

回到公司後,賈伯斯就下令:「『Lisa』電腦的設計要向著 Alto 這個方向努力,並要在此基礎上進行創新。」

毫無疑問,賈伯斯擁有一種對未來洞察的能力,這可以讓他一往無前。當賈伯斯相信某件事會成功時,他的這種洞察能力可以讓他衝破一切障礙,甚至不擇手段地獲取成功。

與此同時,全錄公司的泰斯勒由於得不到公司的重用,跳槽來到了蘋果公司,成為了蘋果電腦公司的一名技術專家。後來,有超過十五位全錄公司的電腦專家相繼加入蘋果公司。

這些研究員有能力也很願意將 Alto 的技術為「Lisa」電腦所用,而他們的加入無疑讓賈伯斯對「Lisa」的成功更加充滿了信心。

在賈伯斯的帶領下,蘋果公司開始了「Lisa 計劃」的項目。

他幾乎將所有的心血都放在了裡面，參與了每個設計決策的討論。

研發「Lisa」電腦

賈伯斯從全錄公司的帕羅奧圖研究中心考察回來後，很快就開始了對「Lisa」電腦的設計工作。他希望依靠「Lisa」電腦，來實現自己在技術上超越沃茲尼克的夢想。

他相信「Lisa」電腦有了 Alto 的研發方向，有了出色的研發隊伍，一定會獲得比 Apple II 更為巨大、更為輝煌的成功。

賈伯斯從一開始就要求他的「Lisa 計劃」必須是完美的、獨特的。為了追求這種近乎病態的完美，他像一個傳教士一樣，鼓動員工為他死心塌地地努力工作。為了鼓動員工，賈伯斯總是說：「我們做出來的東西意義將非常巨大，肯定會在大學校園裡掀起狂潮。」

同時，瘋狂叛逆的賈伯斯也讓每天和他一起工作的員工惱怒不已，因為他時常在轉瞬之間就改變自己的決定，從而讓跟他在一起工作的員工苦不堪言。

不過，在賈伯斯的激勵和壓迫下，研發「Lisa」電腦的工作人員每天都不得不拚命地工作著。

蘋果公司的市場開發人員霍金斯描述當時的情景說：「我們簡直快發瘋了，在這裡，包括賈伯斯在內的每個人都在為

『Lisa』電腦拚命工作著，我們所做的每件事都與電腦有關。」

　　雖然賈伯斯對「Lisa」電腦注入了很多的心血，但實際上，「Lisa」電腦的開發並沒有想像的那樣順利。不過任何困難都不能阻止賈伯斯去實現自己的目標，對他而言，只要能設計出完美的「Lisa」電腦，一切的代價都是值得的，為此他變得更加瘋狂。

　　一九八〇年三月，霍金斯完成了「Lisa 計劃」的行銷文檔，其中詳細說明了圖形用戶介面、滑鼠、區域網路、檔案伺服器和創新的軟體應用程式，但也揭示了這個計劃所面臨的最大問題——成本過高以及項目的持續時間過長。

　　霍金斯對賈伯斯解釋說：「如果『Lisa』電腦要同時擁有圖像用戶系統、滑鼠、區域網路等功能，生產『Lisa』產品的成本會很高。而且如果要設計功能如此齊全的電腦，所需要的研發時間會很長。這樣蘋果公司就需要消耗很多的時間和精力在『Lisa』電腦上。因此，按照兩千美元的預算，工作人員根本無法完成包含那些功能的設計，也不能按照原進度完成任務。」

　　但是對賈伯斯而言，這根本就不是問題，他不會去考慮成本的問題，也不在乎研發時間是否超過預期的規劃，他唯一的目標就是研發出一台讓他引以為驕傲的電腦。

　　後來，霍金斯仍不斷提醒賈伯斯：「史蒂夫，我還是不得不告訴你，要命的是成本問題，以前的設計方案規定機器的銷售價

是兩千美元，而現在這個數字已經沒有參考意義了。產品最後投放市場的價格將是一萬美元。」

　　當時由於蘋果公司的員工由兩百人迅速增長至一千多人，這讓蘋果公司變得臃腫而不靈活。為此，斯科特決定改組蘋果公司。雖然賈伯斯拚命想要完成「Lisa」電腦的設計工作，保住他在「Lisa」項目中的地位，但事與願違，他最終還是被「請」出了「Lisa」的研發隊伍。

　　發生這一幕的最大原因是賈伯斯是一個死要面子、爭強好勝而缺乏電腦研發能力的管理者。這一點在沃茲尼克負責研發 Apple II 的時候就已經顯現，公司的管理層很多人認為正是賈伯斯參與研發，才使 Apple II 進展緩慢。

　　而且很多人都反對賈伯斯的領導方向，認為「Lisa」電腦不應該是 Alto 的翻版，他們竭力阻止賈伯斯。為了不讓歷史重演，斯科特決定讓賈伯斯離開「Lisa」電腦研發部門，他絕不能允許賈伯斯破壞了這個至關重要的項目。

　　當時，馬庫拉和斯科特將蘋果公司改組為四個部門：一個部門是配件部；一個部門是磁碟驅動部；另一個部門叫做個人電腦系統部；還有一個專業系統管理部，該部門負責開發「Lisa」電腦。

　　在這次公司改組中，斯科特將賈伯斯調出了「Lisa」研發部門，取而代之的是負責軟體開發的副總裁約翰·庫奇。為了安撫

賈伯斯，或者說滿足他的虛榮心，董事會決定讓賈伯斯擔任董事會的主席。

事實證明，這次蘋果公司的內部改組無疑是最佳的時機。

當賈伯斯聽到這個決策後，他感到無法相信，更難以接受。在他看來，「Lisa」電腦是在他的手下研發的，他一定會成為那個新部門的負責人。但事實上，他不僅沒有成為部門負責人，甚至失去了待在「Lisa」電腦研發部門的資格。

賈伯斯非常難過，因為這不僅意味著他失去了管理「Lisa」電腦研發的權力，而且他要藉助「Lisa」電腦證明自己的夢想也破滅了。

馬庫拉和斯科特讓賈伯斯擔任十二月份公司上市的發言人，並竭盡全力說服賈伯斯接受這個新崗位。因為大家也都清楚，賈伯斯天生就應該站在舞台之上，他是媒體的寵兒，同時也是善於作秀的人，所以說讓他擔任董事會的主席恰恰是人盡其才。

而且，斯科特說：「史蒂夫，你也明白，如果你接受任命，在公司上市後，你剛剛二十五歲，你不僅會成為億萬富翁，而且會是一家十億美元資產的公司的董事會主席。」

雖然斯科特的條件很誘人，但對賈伯斯而言，出任蘋果公司的董事會主席，就意味著他已經失去了掌控「Lisa」電腦的權力，失去了將「Lisa」電腦推向市場的機會。

賈伯斯說：「我已經擬訂好各種概念的大綱，找到了關鍵人員並確定好技術方向後，斯科特，你們卻決定不讓我做那件事了，我很傷心，我可能再也抽不出時間做事了。」

此後，賈伯斯很長時間都無法原諒斯科特在沒有和他商量的情況下，就把他從領導崗位上拉下來的做法，這確實讓他的感情很受傷。

讓賈伯斯離開「Lisa」研發部門，不僅僅因為他在技術上的缺乏，更多的是因為他叛逆、崇尚自由、瘋狂的個性，而「Lisa」團隊已經對這位瘋狂、多疑、總是怒吼的領導者深惡痛絕。

「Lisa」電腦研發員安迪這樣描述賈伯斯的尷尬地位：「我發現，整個『Lisa』團隊都忍無可忍地叫賈伯斯滾蛋！」

蘋果公司甚至曾經流傳著這樣一個說法：成為億萬富翁的賈伯斯為自己購置了一台藍色的新車，而他只能將自己的愛車放在樓前的障礙區，因為如果賈伯斯將新車停靠在大樓的側面或者後面，「Lisa」團隊對他不滿的員工就會用鑰匙刮傷他的新車。所以說，賈伯斯最大的失敗就是他太喜歡爭強好勝。

就這樣，賈伯斯傷心地離開了「Lisa」電腦的研發部門。但不能否認，就是這樣的一個脾氣暴躁、渾身都是缺點的人，他卻是蘋果公司當之無愧的「教父」。

然而即使沒有賈伯斯的干預，「Lisa」電腦的進展速度依然

緩慢，因為「Lisa」團隊拒絕做出如同其他蘋果公司電腦一樣的
Alto。除了要具有 Alto 的彈出式選單、重疊式窗口和滾動條等
所有功能之外，他們還要在此基礎上進行創新。

「Lisa」電腦的研發人員設計了選單欄的概念、下拉選單、
一個按鈕的滑鼠、用剪貼簿剪下和貼上，以及回收站。雖然這些
功能都是現代化的電腦上必備的，但在一九八〇年代初，市面上
還沒有哪台電腦能具有以上任何一種功能。所以，對於「Lisa」
電腦的研發人員來說，他們設計的每一項功能都是革命性的。

一九八一年六月，當「Lisa」團隊在休士頓的全美電腦大會
上看到全錄公司在 Alto 基礎上的變體 Star，以及布魯斯·合恩
研發的 Finder 之後，他們更加相信他們正在做正確的事情。此
後他們又對操作系統作了一些根本性的修改，並實現了以拖拉並
雙擊打開文件的目標。

一九八二年，「Lisa」團隊首次成功地將其所有的應用程式
同時運作。一九八二年十月十日，「Lisa」電腦首次在舉行的蘋
果公司的年度銷售會議上亮相。

對於即將上市的「Lisa」電腦，蘋果公司充滿了信心，他們
確信「Lisa」一定會引起世界轟動。

蘋果公司的員工克莉絲·斯皮諾莎說：「墨西哥政府比較動
盪。我們制訂了一個計劃，如果出現意外或採取軍事管制，我們
將租一艘船把所有試生產的『Lisa』電腦帶到海上投入大海，這

樣就不會落入軍隊手裡。」

一九八三年一月十九日，經過兩百人的努力工作和五千萬美元的開發費用投入之後，蘋果公司終於在戴安扎學院舉行的股東年度大會期間，將「Lisa」電腦正式投放市場。

「Lisa」電腦重四十八磅，配有運行速度為 5MHz 的微處理器、兩個五點二五英吋 860K 的磁片驅動器、5MB 硬碟、可分離鍵盤、一個按鈕的滑鼠和十二英吋 720×364 像素點陣圖黑白螢幕。

這台電腦擁有很多突破性的功能，比如它是第一款提供圖形用戶介面的商用電腦，用戶不必再輸入文字指令，只需以點選、拖動游標的方式就可以傳送指令。同時，「Lisa」還擁有下拉選單、滾動條、垃圾箱、剪貼簿、電子表格應用程式、繪圖功能等。如此看來，「Lisa」電腦應該是一台獨特、完美的電腦。

但可惜的是，「Lisa」電腦並沒有得到市場的認可。

首先，「Lisa」電腦與市場上的任何電腦都不兼容，所以「Lisa」捆綁有七款應用程式：電子數據表格、繪圖程式、圖表程式、檔案管理器、項目管理器、虛擬終端程式和文書處理器。

「Lisa」電腦帶上一切需要的東西，最後的價格為九千九百九十五美元，對於普通用戶來說，幾乎沒有人能接受這樣昂貴的價格。

其次，「Lisa」的一大缺陷是運行速度緩慢，「Lisa」電腦內

部採用的處理器，根本無法勝任處理訊息點的所有工作。這使得「Lisa」電腦運行速度出奇的緩慢，以至於市場上廣泛流傳著這樣一則笑話：有一次，我聽到「咚咚咚咚」的敲門聲，就問：「誰呀？」結果十五秒後，對方才回應：「Lisa！」

最後，「Lisa」電腦的驅動器也讓蘋果公司苦不堪言。賈伯斯倔強地堅持內部開發，但蘋果公司根本就沒有人有設計驅動器的經驗。當時「Lisa」項目的工程師曾請求賈伯斯取消這一規定，但是賈伯斯堅持認為這是在為從外部獲得驅動器許可使用權找藉口。因此，「Lisa」電腦的驅動器在性能上非常不穩定，嚴重影響了電腦的性能。

因此，在「Lisa」電腦進入市場後，它的銷售情況並不讓人樂觀。雖然蘋果公司進行了一系列降價或改進原有機型的調整，「Lisa」電腦的銷售開始好轉，卻也難以挽救「Lisa」被淘汰的命運。

蘋果公司的產品總裁吉恩·路易斯·蓋斯建議說：「我們必須放棄『Lisa』，因為在市場增長率慢慢下降時，我們不能提高銷售收入以達到足夠的利潤率，所有這些都證明市場難以接受開局不利的產品。」

於是，一九八五年賈伯斯親自結束了「Lisa」的生命，宣布「Lisa」電腦將停止生產。猶他州公司購買了庫存中沒有銷售的五千台「Lisa」，另外還買了數千台舊的或交貨時損壞的電腦。

一九八九年九月中旬，蘋果公司決定一次性將所有「Lisa」產品都處理掉，他們在武裝保護下，把沒有交貨給公司的兩千七百台「Lisa」全埋在猶他州的垃圾填埋區。至此，「Lisa」電腦徹底退出了人們的視線。

而且當時還有不少人報導，它是蘋果公司從全錄公司竊取並以「Lisa」命名的產品。對此，賈伯斯回應道：「我們造訪全錄公司只是獲得了靈感，『Lisa』的成功仍是得益於『Lisa』團隊出色的工作。」

對此，全錄公司的主任喬治·帕克也評論說：「正如蘇聯人和原子彈，一旦他們知道可行就迅速地開發了出來。」

但可惜的是，「Lisa」電腦並沒有原子彈那麼長久的生命，因為事實證明了這樣一台不合實際、連美國人都嫌貴的電腦是沒有多少市場的，而「Lisa」電腦又浪費了蘋果公司大量的研發經費，可以說，這是一個巨大的失敗。

而最讓賈伯斯感到失望的是，這次他並沒有改變沃茲尼克在電腦研發部門的「老大」地位，他還是那個「有財富沒有技術」的「失敗人物」。

儘管作為市場產品出現的「Lisa」電腦失敗了，但是「Lisa」在蘋果發展史上卻有著重要的意義，因為蘋果公司推出的「Lisa」是一台超越它所處時代的產品。

賈伯斯對此表示說：「我們積累了『Lisa』方面的一切技術。

如果『Lisa』失敗，我們還有價值五億美元或者十億美元的電腦公司。儘管『Lisa』電腦失敗了，但是在一九九五年蘋果公司的銷售還是達到了一百一十億美元。」

最年輕的億萬富翁

一九八〇年，賈伯斯迫於無奈，傷心地離開了他寄予自己希望和夢想的「Lisa」研發組，接受了董事會主席的任命。然而，他做夢也沒有想到，短短的一週時間，他就成了美國最年輕的億萬富豪。

一九七六年為了籌集生產最初的 Apple Ⅰ 印刷電路板的資金，賈伯斯以一千五百美元賣了自己心愛的大眾車，而五年之後他卻換來了億萬身價！

起初，賈伯斯對董事會主席這個新職位並沒有過多的興奮和激動，可一夜暴富的事實讓他相信，這才是他真正的開始。從一個垂頭喪氣、感到絕望的失落年輕人瞬間變成了一個萬眾矚目、名利雙收的有為青年，這樣的奇蹟也許只能是賈伯斯的專利吧。

一九八〇年十二月十二日，蘋果公司的股票在馬庫拉和斯科特的運作下得以順利上市。股票上市當天，蘋果公司以每股二十二美元的價格開盤，幾分鐘之內四百六十萬的公開股就被搶購一空。

　　蘋果公司的公開上市打破了公開發行股票公司的很多紀錄，蘋果股票的上市是歷史上公司新股上市最成功的一次，而它所融到的資金比一九五六年福特上市以後任何公司的首次公開發行都要多。

　　一天之內，蘋果公司的股票價格上漲了將近百分之三十二，那天的股票以二十九美元完美收盤。也就是說，就在這短短的二十四小時，蘋果公司的資產從最初的一千美元增長至十七點七八億美元。

　　而賈伯斯作為蘋果公司最大的股東，一夜之間就擁有了超過兩億美元的淨資產。當正處於失落、低迷期的賈伯斯得知這個消息後，他怎麼也不會想到，一夜之間自己的人生會發生如此巨大的變化。

　　一九八〇年，無論對於史蒂夫·賈伯斯還是他一手創造的蘋果公司，都是一個歷史性的轉折。

　　除了賈伯斯，蘋果公司的很多人都因此獲得了巨大的財富。其中投資者馬庫拉以七百萬股股票獲得了二點零三億美元。

　　而且，就連沃茲尼克這個起初不想創建公司卻酷愛電子學的人，也因為擁有四百萬股股票而賺取了一點一六億美元。

　　蘋果公司一下子造就了三個億萬富翁，但更令人難以想像的是，蘋果公司一千名員工中，四十多位員工在一九八〇年十二月十二日那天成為了百萬富翁，這比歷史上任何上市公司創造的

百萬富翁都要多。

不過，並不是所有員工都有這樣的好運，甚至一些幫助創建蘋果公司的人也沒能得到豐厚的回報。股票期權是公司給予員工以特定的執行價格購買股票的權利，但是這種權利只保留給拿年薪的員工，如工程師，而技術人員這樣的小時工則沒有這樣的待遇。

但在沃茲尼克看來，每個為蘋果公司工作的員工都應該獲得股票。他說：「我已經得到的比我夢想要得到的還要多很多。我認為曾參與設計和行銷工作的所有人都是公司的所有者。我們中有幾個將獲得巨額財富，但是其他人卻不能。馬庫拉認為這些人不應該得到，而且沒有資格獲得股票，只有具有正牌大學背景的管理者能得到股票期權，他們將賺很多錢。我只是想幫助其他人，因為他們同樣重要。」

按理來說，賈伯斯有義務給那些為蘋果立下赫赫戰功的員工們進行必要的獎賞。但是賈伯斯卻不這麼想，他在獲得巨大財富之後，卻變成了一個不折不扣的「吝嗇鬼」。他沒有把他的股票分給任何人，甚至連一些跟隨他的老員工都沒有得到賈伯斯哪怕是一美元的股份。

就連賈伯斯兒時的好朋友、蘋果公司第一名員工比爾·費爾南德斯也沒能得到賈伯斯的股票。費爾南德斯發現，很多後來進入公司的人都得到了股票，而他卻一無所有，就像他所抱怨的：

「我感覺自己整天像蠢驢一樣地工作著，無論做多久，最終僅僅還是一個技術人員。」因此費爾南德斯成為了蘋果公司第一名辭職的員工。

此外，蘋果公司的員工丹尼爾‧科特肯也「深感受傷」。他是賈伯斯在里德學院最好的朋友，一九七六年就開始為蘋果公司工作，但是他卻一直拿最少的週薪。雖然工作很努力，但他始終是一個小時工。科特肯抱怨說：「我埋頭苦幹，在實驗室工作。我太天真，我只是想做好工作，最終將會得到回報，真是個大傻瓜！」

除了費爾南德斯和科特肯之外，還有很多和賈伯斯一起創業的技術人員都沒有得到賈伯斯的股票。為此整個蘋果公司怨聲載道。

賈伯斯的舉動讓一直與他並肩戰鬥的沃茲尼克都感覺無法接受，他來到賈伯斯的辦公室，對賈伯斯鄭重地說：「史蒂夫，我要求重新調整公司股權分配的比例。」

然而，就算是沃茲尼克這樣重量級的人物親自勸說，賈伯斯也沒有讓步，賈伯斯說：「不行，蘋果公司還是我說了算，該怎樣就怎樣。」

為此，沃茲尼克作出了一個驚人的決定，他自行實施了一項「沃茲尼克計劃」，私下把自己手中持股的三分之一，約八萬股讓售給蘋果公司的員工。

　　這一決策公布下來時，所有人都震驚了，因為按照當時創業股的價格計算，這組數字是非常龐大的，蘋果公司第一年的利潤也只能購買一千四百二十股創業股。而沃茲尼克一下子就向蘋果的員工出售了八萬股，而且還是在上市之前。

　　透過「沃茲尼克計劃」，蘋果公司大約有八十名員工以非常優惠的價格購買了公司的股票，也因此產生了如此多的百萬富翁。

　　也許很多人都覺得沃茲尼克的做法很傻，但沃茲尼克覺得自己從中獲得了巨大的快樂和滿足。他說：「許多人都打電話感謝我讓他們做了不可能做到的事情——購買房子、送子女上大學等。如果我不那樣做，他們永遠也支付不起那些錢，因此，我感覺我這樣做很值得。」

　　雖然沃茲尼克用自己的財富挽留住了這些蘋果公司的功臣，但事後賈伯斯並沒有因沃茲尼克的這一舉動而感動，反而表現出了極度的不滿。賈伯斯甚至公開宣稱：「沃茲尼克將股票給了所有不該得股票的人。沃茲尼克無法拒絕他們，很多人都在利用他。」

　　雖然賈伯斯的吝嗇讓很多人感到不滿，但我們依然可以理解他當時的想法。因為在他看來，也許只有這樣，才能讓所有忽視他的人知道他才是蘋果公司的真正老闆，只有這樣，才能顯示他在蘋果公司所擁有的權力。

　　正如一位資深網路記者說的：「我不喜歡賈伯斯，我曾在自己一本翻譯成十八國文字的書裡提到他的很多缺點。現在我還是不喜歡他，不過我不得不承認他是我們這個時代的佼佼者。」

　　無論如何，就物質層面而言，當時賈伯斯確確實實成功了。他成了資產超過二億美元的年輕富豪，也因此成為美國依靠自己創業獲得巨大財富的人之一。

　　年僅二十五歲的賈伯斯在獲得巨額財富的同時，虛榮心也得到了極大的滿足。因為他年紀輕輕就已經成為了資產上十億美元的大公司的董事會主席，他真的像馬庫拉所說的，成了媒體追逐的「寵兒」。

　　一九八〇年，蘋果公司的上市，讓賈伯斯一舉邁入了《富比士》富豪榜。

　　一九八三年，愛出風頭的賈伯斯公開宣布：「蘋果已經創造了三百位百萬富翁。」根據當年《富比士》雜誌的一項分析，在美國最富有的前四百人中，二十八歲的賈伯斯由於擁有二點八四億美元財富，成為四百人中最年輕的一位。

　　賈伯斯甚至因為巨大的成功，成為了白宮的座上賓，當時的美國總統里根對賈伯斯非常賞識，稱他是美國人心目中的英雄。

　　在公眾眼裡，賈伯斯更是成為了一個財富偶像——一個年紀輕輕、相貌堂堂、彬彬有禮、精力充沛、臉上總帶著自信微笑

的有為青年。

為此，賈伯斯自豪地說：「當我二十三歲的時候，我的財富達到了一百萬美元；在我二十四歲的時候達到了一千萬美元；而在二十五歲的時候達到了一億多美元。」

開發「Mac」

一九八〇年，蘋果公司成功上市。

雖然賈伯斯依然吝嗇，依然脾氣暴躁，對他的爭議也一直在繼續，但不可否認，賈伯斯已經成為一個奇蹟，不管別人怎麼說，他依舊延續著自己的人生傳奇，並一次次帶給人們巨大的驚喜。

不過，賈伯斯在獲得金錢、掌聲和榮譽的同時，也開始變得無所適從，在這種情況下，賈伯斯迫切地想要參與到公司的某個研發項目中，從而證明自己在公司的價值。

但是，他已經被「Lisa」研發組踢出來了，因為董事會意識到他根本不能勝任管理者的職位。蘋果系列電腦的研發，他不能參與，因為那已經深深刻上了沃茲尼克的烙印，而且無論賈伯斯採取怎樣的行為，都不能改變沃茲尼克在蘋果系列電腦研發部門的老大地位。

在意識到這些後，賈伯斯想如果他可以掌控一個新的部門或者加入一個剛剛開始不久的新產品研發團隊，就能很輕易地讓

這個研發產品成為自己的產品。

於是，賈伯斯便町上了正在研發的「Mac」。

「Mac」項目是由一個名為傑夫·拉斯金的電腦天才負責的。他過去是一名教授，後轉行做電腦顧問，並於一九七六年編寫了Apple II 的 Integer BASIC 手冊。

一九七八年一月三日，拉斯金加入了蘋果公司，員工編號是三十一，當時任發行部經理。過去曾組建過新產品評審部和應用軟體部。

在賈伯斯打算向「Mac」項目下手之前，該項目的研發團隊已在拉斯金的帶領下完成了組織工作。

早在一九七九年，「Mac」項目是就已經確立下來了。那年春天，身為公司董事會主席的馬庫拉找到拉斯金，問他是否有意願為代號為 Annie 的項目工作，該項目的目標是生產價格為五百美元的遊戲機。

這時候，賈伯斯和其他團隊正在把全部精力放在「Lisa」電腦上面，而公司方面覺得應該研發一款基本配置不加磁碟驅動器或螢幕，銷售價格比 Apple II 價格更低的產品。

拉斯金在聽完馬庫拉對項目的介紹後，雖然他認為這個項目是個好項目，但他並不願參與這個項目，因此便拒絕了。拉斯金說道：「馬庫拉，這確實是個好項目，不過我對遊戲機不太感興趣。不過，我一直夢想某個時候能製造一個叫『Mac』的產

品。它主要從人的因素出發進行設計。」

馬庫拉深感疑惑：「從人的因素？」

拉斯金說：「是的，不過這一點，可能人們還完全不可理解，但是我想……」

聽到拉斯金的理由後，馬庫拉對他的想法很感興趣，於是就請拉斯金詳細地闡述他的想法並調查將這些想法付諸實踐的可行性。

拉斯金馬上著手行動，至一九七九年五月下旬時，他就已經粗略地確定了 PITS 電腦的基本思想。

拉斯金的這一基本思想與 Apple II 的不同之處就在於更方便人們操作。

Apple II 開放的體系結構雖然很好，人們可以將任何需要的東西插到插槽中，但是這樣的靈活性需要用戶成為技術人員，並且開發商要製造這種在任何配置下都能工作的電腦極為困難。相對於 Apple II 開放的系統，拉斯金為自己的「Mac」電腦確立了封閉式的研發思想。

從理論上，拉斯金的想法是可以實現的。對此，拉斯金作了這樣的解釋：「諸如這樣的考慮，引導我構思出了『Mac』項目的指導方針和它的基本架構。它沒有外圍插槽，客戶就不必明白機器內部構造。記憶體大小固定，所有的應用程式都可以在『Mac』上運行。螢幕、鍵盤和大容量儲存器設備都內置在電腦

內，這樣客戶就有了真正完整的系統，我們就能控制字符和圖形的外觀。」

此外，拉斯金還設想把「Mac」的重量控制在二十磅以內，內置電池的電能可供運行兩個小時，這樣一來就可方便人們攜帶。

除了上面這些，拉斯金還希望自己製造的電腦能夠擁有八位微處理器、實時時鐘、影印機、能顯示點陣圖圖形的四五英吋的螢幕，以及 200K、五點二五英吋磁片驅動器。

當拉斯金把自己的這套基本思想拿到蘋果公司董事會上去講解時，立即遭到了賈伯斯的極力反對。因為那時，賈伯斯正在領導著「Lisa」電腦的研發組，他擔心「Mac」電腦會影響到「Lisa」的推出。

在董事會上，賈伯斯大聲嚷道：「不可能，你不可能開發出這樣的電腦，這完全是錯誤的研發方向，現在公司應該全力以赴地開發『Lisa』。」

賈伯斯憎恨這個想法，後來，他到處說不行，甚至粗暴地說：「這是世界上最笨的產品，絕對賣不出去。」

儘管賈伯斯強烈反對「Mac」項目的成立，但是董事會最終還是通過了這個項目。

一九七九年九月，該項目正式啟動。拉斯金指出：「一九八一年九月『Mac』就可投入生產，聖誕節的終端用戶銷

售價格為五百美元。隨著產量的上升，按照我的期望，十八個月後價格可以降至三百美元。」

雖然拉斯金表現得信心滿滿，但賈伯斯仍然對這個項目持反對態度，而且一點軟化的跡象都沒有。

不管賈伯斯對「Mac」抱持怎樣的態度，這個項目還是默默展開了，拉斯金在研發過程中不斷提出更精彩的東西添加到電腦中。

沒過多久，拉斯金就意識到如果把一切所需的東西都放到電腦中，按照原先預定的五百美元價格是收不回成本的，因此他設定了一個新的目標價格一千美元。

拉斯金在他的一個備忘錄中這樣寫道：「毫無疑問，我們需要更多大容量的儲存器、內置影印機、彩色圖標，但是我們覺得低價格和攜帶方便是最重要的屬性，我們努力實現了這些目標。」

就在拉斯金帶領的小組默默開發「Mac」時，蘋果公司內部由於賈伯斯的問題出現了一些小騷亂。然而之後，賈伯斯對「Mac」這個項目的態度突然來了一個一百八十度的大轉變。

事實上，「Lisa」項目的研究人員早就對賈伯斯忍無可忍了，因此在賈伯斯氣急敗壞地離開「Lisa」研發組時，並沒有挽留他，相反他們還巴不得賈伯斯早點離開。由此可知，賈伯斯想要再加入「Lisa」已經是完全沒有可能了。

　　但是，對於加入「Mac」，賈伯斯是很有把握的，而且他最擅長把別人的東西變成自己的東西，因為他總是表明自己很有創意。拉金斯就這樣評價賈伯斯的「創意」：「賈伯斯最標準的做法就是從你那裡獲得創意，然後，他馬上消化這個創意，一週後他回來就說：『嗨，我有一個絕好的創意！』他告訴你的這個創意就是你的創意。我們稱他為扭曲顯示的立場。」

　　不僅僅是拉斯金，就是和賈伯斯是多年好友的沃茲尼克也從來不知道賈伯斯的創意是怎麼來的：「對於賈伯斯，你不知道他的創意確切地來自哪裡。」

　　即使拉斯金預料到賈伯斯加入「Mac」項目會奪走自己的研發成果，他還是沒有辦法阻止賈伯斯的加入，因為賈伯斯在蘋果公司上市後，擁有的不僅僅是金錢，還有在公司難以撼動的地位。

　　當然，賈伯斯也不是毫無預兆就宣稱要加入「Mac」項目的。在加入之前，他就開始到處宣講「Mac」的優點，這讓當時的很多員工都不能理解，大家私下裡議論：「一直憎恨該項目的人怎麼會一下子就轉變態度了呢？」

　　不管別人怎麼猜測，賈伯斯還是樂此不疲地向人們說著「Mac」的優點，他甚至還對拉斯金興奮地說：「『Mac』可能會成為一九八〇年代的 Apple II，這真是一項極其出色的設計，『Mac』指引了未來電腦的發展方向。」

　　對於賈伯斯這樣直白的讚譽之詞，拉斯金有種丈二和尚摸不著頭腦的感覺，他對別人說：「賈伯斯是『Mac』最激烈的批評者，他總是在董事會上壓制這個產品。可是，兩年後，他卻開始讚美『Mac』，讓人覺得莫名其妙。」

　　雖然賈伯斯「莫名其妙」的行為讓拉斯金感到不可思議，但在熟悉賈伯斯的人看來卻是很正常的。因為賈伯斯做任何事都是有目的的，他讚美「Mac」不過就是為了博取拉斯金的好感，進而加入「Mac」的研發團隊而已。

　　有一位工程師卻早就看穿了賈伯斯的把戲，他說：「只要看一下賈伯斯眼中流露出的目光就知道，對拉斯金來說大事不妙的日子不遠了，賈伯斯要把拉斯金的研究成果據為己有。」

　　正如這位工程師預料的一樣，賈伯斯開始向董事會申請加入「Mac」的研發團隊。

　　拉斯金知道這個消息後，立即表示強烈反對，他說：「賈伯斯什麼事情都想摻和，不管你在做什麼，他一定要沾上點邊，蘋果公司沒有人想讓他參與他們的項目。我已組建了『Mac』團隊，我想也不需要他。」

　　即使如此，董事會還是同意讓賈伯斯加入「Mac」的研發團隊，因為這樣可以減少他對其他研發項目的干涉。

　　「Mac」的研發地點比較偏僻，如果賈伯斯到那裡去辦公，自然就會減少對蘋果公司其他工作的干預。出於這種考慮，斯科

特很快就批准了賈伯斯的申請。

關於董事會的想法，賈伯斯心中也很清楚，他說：「我決定來設計『Mac』，他們沒把我當回事。我想斯科特有點像在遷就我。他們想把我拴在『Mac』項目上，因為他們認為『Mac』並不重要，但是我卻將它視為證實我價值所在的機會。」

就這樣，賈伯斯加入了「Mac」的研發小組。

當賈伯斯來到「Mac」的研發地點時，他發現這個研發組只有幾個研發人員，這與「Lisa」研發小組有兩百多名研發人員大不相同。在看到這種情形後，賈伯斯突然覺得自己好像又回到了在車庫中工作的那些日子。

賈伯斯看到，「Mac」的研發人員都充滿了激情，他自己也很快被這種激情所感染，覺得自己一定會與他的研發組做出一些成績來。他躊躇滿志，渾身充滿了力量。

賈伯斯卻認為，只有遠離其他項目，獨立的項目才能取得非凡的成績，因此「Mac」的研發地點選在了郊區。

如果說賈伯斯加入「Mac」為研發組帶來了什麼好處的話，最大的好處恐怕就是在資金和其他方面獲得了許多便利。可以說正是賈伯斯的加入，才改變了「Mac」不被重視的現狀。

賈伯斯利用自己的職權為「Mac」的順利進展爭取了盡可能多的支持。在董事會議上，他總是不遺餘力地讚美「Mac」，當有人想干涉「Mac」的進展時，賈伯斯總是千方百計地清除障

礙。

　　「Mac」研發組的成員安迪這樣形容賈伯斯的作用：「賈伯斯所做的最重要的事情就是豎起了一柄巨大的保護傘，保護項目免受外界的影響。」

激勵研發的熱情

　　「Mac」項目在賈伯斯的保護下，進展十分順利。但與此同時，賈伯斯與拉斯金的矛盾也越來越難以調和了。

　　所謂「一山難容二虎」，也就是這個道理。賈伯斯與拉斯金都是相當自負而且性格強硬的人，這樣的兩個人在一起工作，必然會出現很多摩擦。

　　本來拉斯金就反對賈伯斯加入，偏偏他加入後，還要在每個研發環節插上一腳，想要將「Mac」「搶」到自己手中，而且絲毫不怕別人知道。這一點讓拉斯金難以接受，因此，兩人的矛盾也就越來越尖銳了。

　　在賈伯斯加入「Mac」研發團隊之前，整個團隊的領導人只有一個，那就是拉斯金。但是賈伯斯加入之後就不同了，賈伯斯身為蘋果公司的創始人之一，在公司內部具有至高無上的權力，他當然不甘做拉斯金的手下，任拉斯金「呼來喝去」，於是賈伯斯心中就產生了「取而代之」的想法。

　　再說拉斯金，「Mac」是他的夢想，他想要親手把自己的夢

想轉化為現實。他就像一個父親，一心一意地想要保護自己的孩子。然而當拉斯金帶領自己的團隊一步一步朝著夢想的目標邁進時，賈伯斯卻突然插上一腳，這無異於要搶走他的「孩子」，他當然很難接受。

雖然在賈伯斯加入研發團隊時，拉斯金並沒有做出什麼激烈反對的行為，但那並不代表拉斯金就可以忍受賈伯斯對「Mac」的「指手畫腳」。

對賈伯斯而言，他加入研發團隊的目的就是為了將「Mac」占為己有，所以在研發的過程中當然不會袖手旁觀，他要讓每個研發環節都刻上自己的烙印。

針對「Mac」的「所有權」之爭，使拉斯金與賈伯斯的矛盾越來越深，關係也越來越緊張。

對一個團隊而言，領導人的相互合作，無疑會讓這個團隊的發展如虎添翼。相反，如果兩個人互相看不順眼，而且都不懂得退讓的人一起擔任團隊的領導人，那問題只會越來越複雜。既然「一山不容二虎」，那麼一場爭鬥就難以避免。

在賈伯斯剛加入研發團隊不久後，兩個人之間的戰爭就爆發了。賈伯斯試圖更改「Mac」的名字，他提出將電腦更名為Bicycle。這分明就是想讓「Mac」的研發完全屬於他自己。

對於賈伯斯的第一次「挑釁」，拉斯金並沒有放在眼裡，而其他研發人員也沒有將賈伯斯的提議放在心上。最終這個提議因

無人響應而告終。

　　經過這一次的更名事件後，賈伯斯並沒有就此放棄，反而越加「過分」。在「Mac」的設計上，他處處插手，而且拒絕讓拉斯金的想法體現在「Mac」上。

　　在研發過程中，有人提出用「Lisa」項目採用的性能更好的68000 微處理器替換 6809E 微處理器時，賈伯斯立即表示支持這種想法：「好，這真是一個美妙的建議！」

　　但是拉斯金很不樂意，他說：「不行，這樣一來，會讓『Mac』電腦成本大大升高。」

　　儘管如此，賈伯斯還是不肯做出讓步，他寸步不讓：「我卻覺得，採用『Lisa』的微處理器可以讓『Mac』更加方便地使用『Lisa』的一些技術軟體，其中包括阿金森很出色的 QuickDraw 子程式。」

　　最終，還是拉斯金妥協了，「Mac」採用了 68000 微處理器。

　　但透過這一次的變更，拉斯金更加討厭賈伯斯了，因為在賈伯斯的帶領下，他所要研發的「Mac」與「Lisa」有了相似之處，與他之前的設想出入很大。

　　更讓拉斯金氣憤的是，在變更了微處理器之後，賈伯斯更是系統地從「Lisa」項目中爭取關鍵技術和人員，讓他們參加到「Mac」的團隊中來。

　　為此，賈伯斯還得意地為「Mac」研發小組起了一個叫做「海盜」的名字。賈伯斯說：「我認為當海盜比參加海軍強，因為海盜可以肆意地掠奪。」

　　所謂人如其名，「Mac」的研發人員確實像海盜那樣掠奪了許多技術。在「Mac」成功推出後，其研發成員曾公開承認這款電腦與「Lisa」有著很多相同的技術：「許多人認為我們從全錄公司獲得了技術。而實際上，我們是從『Lisa』項目獲得的。」

　　除了從「Lisa」項目中掠奪技術，賈伯斯也有一些自己的主意想要加在「Mac」上，但這些主意往往與拉斯金的想法不同，因此在辦公的地方常常能聽到他們的吵架聲。他們會為了「Mac」使用什麼型號的晶片爭吵，會為了設計機殼的形狀爭吵，會因為制定電腦研發進度表爭吵，他們甚至會為了研發組的開會時間爭吵。

　　有一次，賈伯斯在研發小組會上說：「我認為，『Mac』必須擁有一個小巧的滑鼠……」

　　可是拉斯金卻馬上打斷了賈伯斯：「我個人比較喜歡用光筆或操縱桿作為圖形的輸入設備。」

　　為此，他們兩人又是大吵一番。之後，雙方都做出了一定的讓步。拉斯金同意使用滑鼠，但是滑鼠的式樣由拉斯金決定。最終，拉斯金決定不像 Alto 那樣使用三個按鈕的滑鼠，而是使用一個按鈕的滑鼠。

在這些爭吵聲中，賈伯斯與拉斯金的矛盾越演越烈，這種矛盾的激化讓拉斯金覺得越來越吃力。終於，拉斯金向蘋果公司提出了辭職。

但是，拉斯金辭職最大的原因卻並不是因為技術爭吵造成的，而是賈伯斯在語言上的挑釁讓拉斯金無法忍受。

這一天，賈伯斯專門來到拉斯金的辦公室對他說：「我將接管軟體研發，你可以做技術文檔工作。」

在這之前，一直是拉斯金負責軟體方面的開發和文檔編寫工作，而賈伯斯是負責硬體開發的。看著賈伯斯那傲慢的神態，拉斯金立即來了火氣，賭氣地嚷道：「不，你也可以做技術文檔工作，我辭職。」

相對於硬體的開發，拉斯金更喜歡在軟體方面的研究。他曾這樣說過：「介面和晶片內部相比，我對介面更感興趣。」也正是因為這種工作分工，拉斯金才在賈伯斯加入「Mac」時沒有做出什麼激烈的反對行為。

可是，這時賈伯斯得寸進尺，卻連他開發軟體的任務都要搶走，這讓拉斯金終於承受不住了。氣憤不已的拉斯金當天就寫了長達四頁的機密郵件，在該郵件中拉斯金列舉了與賈伯斯共事的具體問題。

拉斯金寫道：「賈伯斯經常錯過約會。他採取行動時缺乏思考，並作出不利的判斷。應該給予信任的地方，他卻不給予信

任。賈伯斯經常從個人偏好出發作出反應。他努力像父親一樣，卻會作出一些可笑且不經濟的決定。他經常打斷他人的話而不傾聽別人說話。他不恪守承諾，武斷決策，樂觀估計。賈伯斯通常不負責任並且不顧及別人的感受。作為軟體項目經理他並不稱職。」

當斯科特將這封郵件拿給賈伯斯時，本意是想讓他尋求解決之道，可賈伯斯在看完郵件後，只有憤怒不已，卻不曾反思。後來，他當著斯科特和拉斯金的面說他再也不能和拉斯金一起共事了。

而拉斯金這時也覺得，自己再也無法忍受賈伯斯了，於是，拉斯金便決定辭職。

對於這個結果，賈伯斯和斯科特都覺得不妥當，便給了拉斯金一個月的假期，希望他能慎重考慮後再作決定。

一個月後，休假回來的拉斯金接到通知，讓他去領導一個新的研發部門，拉斯金回應說：「我現在與當初進入蘋果的初衷已經完全不一樣了。」

他依然堅持自己辭職的決定，並於一九八二年三月一日，正式提交了辭呈。

之所以造成這樣的結果，其實與賈伯斯和拉斯金這兩個人的個性有很大關係。

一位研發工程師丹尼爾‧科特肯客觀地評價這件事情說：「傑

夫·拉斯金和史蒂夫·賈伯斯兩人都很自負。如果不頂撞史蒂夫，
傑夫可能還能繼續留在公司。但是，他對某些事情態度強硬，並
且對史蒂夫從不會緘口不語，而是毫不客氣地當面頂撞。」

　　拉斯金一離開，賈伯斯就成為了「Mac」研發組名正言順
的領導者。這樣一來，賈伯斯就可以完全按照自己的方式管理
「Mac」研發組。

　　賈伯斯為了讓「Mac」徹底打上自己的烙印，同時也為了
脫離沃茲尼克的影響，他竟然武斷地不許研發人員採用任何擴充
槽，因為擴充槽是沃茲尼克發明的。當研發人員試圖透過將擴充
槽稱為診斷埠而放到設計方案中時，賈伯斯發現後立即就刪除
了。他絕不允許自己的電腦上有沃茲尼克發明的任何東西。

　　除了在技術上要求苛刻以外，在管理上賈伯斯還是採取他
一貫的激情煽動方式。他總是在研發中心用傳教士的煽動性口吻
鼓舞著研發人員。為了讓「Mac」盡快研發出來，賈伯斯鼓勵他
的研發人員去做「海盜」。

　　賈伯斯所傳達的「海盜」精神不僅僅是像海盜一樣瘋狂忘我
地工作，更是像海盜一樣去「盜取」技術。

　　賈伯斯為了發揚這種「海盜」精神，他甚至還為「Mac」的
每個研發人員都發了一件印著醒目「海盜」字樣的運動衫，還在
「Mac」所在的研發大樓樓頂掛起了海盜骷髏旗，以此來強調他
們的工作與蘋果公司其他部門的工作是多麼不同。

　　賈伯斯的這些做法，在很大程度上鼓勵了「Mac」的研發人員，同時也增強了整個團隊的向心力。

　　一位參與「Mac」項目研發的工程師這樣評價賈伯斯：

　　賈伯斯身上好像有一種誘人的光環，這種光環能讓你忍受他的暴躁、多變，讓你凝聚在他的周圍，像奴隸般為他工作。並且他總是有辦法讓你激情四射。

　　還有一位團隊成員這樣形容賈伯斯的管理風格：

　　他是動機很強的那種人，就像羅馬軍團的司令。他真的知道如何激勵小組人員生產產品。

　　在賈伯斯的激勵下，研發組的創造熱情都被激發出來了。這個具有創造精神的「海盜團隊」一直相信：他們可以跟著賈伯斯一起改變世界！ 所以，他們為了讓「Mac」成為最棒的電腦而努力著。

「Mac」研製成功

　　賈伯斯擠掉拉斯金之後，自己獨立領導「Mac」研發小組，他又用「海盜」精神激勵大家，所有人都努力地工作著。經過長達三年的研發，耗費七千八百萬美元開發費用後，「Mac」電腦終於在賈伯斯的領導下誕生了。

　　一九八四年一月二十四日，蘋果公司在戴安扎學院弗林特

中心舉行的股東大會上，首次展示了「Mac」電腦。

賈伯斯作為這場典禮的主人，為了讓人們能夠對「Mac」印象深刻，他還特意寫了一份演講稿，箭頭直指蘋果公司的競爭對手IBM。

憑藉著自己那三寸不爛之舌，賈伯斯的演講當即就炒熱了現場氣氛。

在這篇富有煽動性的演講稿中，賈伯斯這樣寫道：

一九五八年，IBM拒絕購買那家羽翼未豐的年輕公司，而該公司剛發明一種名為靜電複印術的新技術。兩年後，全錄公司誕生了，而IBM卻一直在追趕該公司前進的腳步。

十年後的一九六〇年代，數位設備公司和其他公司發明了小型電腦。IBM放棄了小型電腦，因為它太小以至於不能做嚴肅的計算，因此IBM對其業務並不看重。而DEC卻在IBM最終進入小型電腦市場之前成為了價值數億美元的公司。

十年後的今天，也就是一九七〇年代。一九七七年，位於西海岸的一家羽翼未豐的年輕公司蘋果公司發明了Apple II，這是今天我知道的第一台個人電腦。

一九八〇年代早期，一九八一年，Apple II已成為世界上最流行的電腦，蘋果公司已成為價值三億美元的公司，它是美國商業史上成長最快的公司。超過五十家公司參加這塊市場的競爭，一九八一年十一月，IBM公司透過IBMPC進入個人電腦市場。

一九八三年，蘋果公司和 IBM 成為業界最強大的競爭者，兩家公司都在一九八三年銷售了價值約十億美元的個人電腦。

就在今年，即一九八四年，IBM 想獨吞這塊市場。蘋果公司意識到唯一的希望就是給 IBM 讓開財路。經銷商最初熱烈歡迎 IBM，而現在則害怕個人電腦市場受 IBM 主導和控制。越來越多的經銷商又漸漸回到蘋果公司身邊並將蘋果公司作為確保他們未來自由的唯一力量。

我們的大作家喬治·奧威爾說得對嗎？

當賈伯斯以疑問句結束自己的演講時，人群立即沸騰起來：「不，不，不！」

就在這片混亂中，賈伯斯身後的螢幕開始播放「Mac」的商業廣告，這個號稱耗資千萬美元的商業廣告使人群更加激情澎湃了。

廣告片結束後，賈伯斯嚴肅地說道：「到目前為止，我們這個行業中只有兩個里程碑產品──一九七七年的 Apple II 和一九八一年的 IBMPC。今天，也就是『Lisa』推出後的一年，我們正在將第三個行業里程碑產品『Mac』投放市場。」

緊接著，賈伯斯來到一張放有帆布袋的桌子旁，展出了他引以為傲、堪稱完美的「Mac」電腦。賈伯斯匆匆地演示完「Mac」的圖形功能後，迫不及待地說道：「今天，也是第一次，我想讓『Mac』自己來介紹自己。」

聽完這句話，人們都驚呆了，全場鴉雀無聲。

賈伯斯不知按了一下哪個鍵，「Mac」就發出了合成的聲音：「嗨，我是『Mac』。從那個袋子裡出來真好。我還不習慣公開講話。我想與你們分享第一次與 IBM 大型機會面時的想法——我絕對不相信你可以舉起一台電腦。而現在我想休息一下，聽你們談談看法。因此，我非常驕傲地向大家介紹一位先生，他就像我的父親一樣——史蒂夫·賈伯斯。」

經過這次展示，「Mac」那奇怪的合成聲音給所有人都留下了深刻的印象。此外，它小巧、精緻的外觀以及運行速度快的優點也讓人們難以忘卻。

除了以上這些優點之外，「Mac」還是世界上第一種可以買到的、擁有交互式圖形接口並且使用滑鼠的個人電腦。它的操作系統領先當時 IBMPC 的操作系統 DOS 整整一代。

不僅僅是接口上的差別，「Mac」操作系統在記憶體管理上有著 DOS 不可比擬的優勢，因為 DOS 實際可用的記憶體始終侷限在 64K，而「Mac」則沒有任何限制。

從這次展示中，賈伯斯就知道自己成功了，「Mac」成功了。「Mac」的成功與那些辛辛苦苦研發軟體的人員是脫不了關係的，同時與賈伯斯的苛刻也是密不可分的。

賈伯斯似乎生來就是一個完美主義者，凡事都要堅持到底，關注每一個細節。在蘋果公司創業之初，為了讓 Apple II

的設計符合大眾的喜好，賈伯斯可是煞費苦心。他整天在百貨公司觀察陳列在那裡的商品，詳細研究那些以硬體聞名的公司是如何創新產品的外形的。

除此之外，賈伯斯還喜歡到停車場去散步。名義上是散步，但實際上他是在研究汽車造型間的差異。那時他最喜歡的就是拿 BMW、保時捷和賓士汽車的車型來作比較，因為這幾種車是最暢銷的。他試圖從外形上研究出人們為什麼會被其吸引，進而購買和駕駛。

在一次「Mac」的研討會議上，賈伯斯將自己的心得告訴了其他人：「多年來，賓士公司把他們的線條變得更柔和了，但細節部分卻變得更加嚴謹了，我們也必須讓『Mac』達到這個境界。」

由此可見，賈伯斯對「Mac」的要求是多麼完美。

賈伯斯在「Mac」的軟體設計部門沒有太多的話語權，因為他不太懂軟體部分，這也是之前為什麼是拉斯金負責軟體部分，而他負責硬體部分的原因。

在電腦設計方面，唯一不需要技術知識的地方就是機殼的設計，所以這塊就被賈伯斯看成了自己的設計領域，而賈伯斯的完美主義也充分地發揮在這一塊了。

在一次會議中，賈伯斯將一本電話簿放在桌子上，指著電話簿高聲說道：「設計出來的『Mac』就應該是這麼大，不能再

讓它的體積變大了。如果再加大，用戶會受不了的。」

說完這句話後，會議室的研發人員幾乎都驚呆了，像電話簿大小的機殼，這太為難研發人員了。

賈伯斯看也不看那些研發人員的驚訝表情，接著說道：「另外還有，我一看到這些方方正正的像盒子一樣規矩的電腦就厭煩，為什麼不能把它設計得更高明一點呢？」

說完，還沒等研發人員說話，賈伯斯就離開了會議室。

留下的研發人員你看看我，我看看你，再看看賈伯斯留下的電話簿，都不知道該怎麼辦了。因為這本電話簿的大小只有原來電腦的一半，不懂電腦的人都認為根本不可能設計出這麼小的電腦，而研發人員根據電子學知識，更是認為設計出體積如此小的電腦幾乎沒有可能。

即使如此，賈伯斯還是固執己見，堅持要研發人員經過嘗試後再確認那樣小的電腦真的生產不出來。

最終研發人員還是按照賈伯斯的設想設計出了電腦外形，半個月後，他們將設計好的模型整齊地擺在一起，讓一些普通的消費者前來參觀評價，結果人們都肯定了在賈伯斯創意下設計的電腦機殼。

有了這次成功的經驗之後，賈伯斯在外形的設計方面更加固執了。他的這種固執讓「Mac」的工程師都十分頭痛，因為他提出的要求總是苛刻得讓人無法接受，而他仍然只把決定提出

來，至於設計方面就交給工程師們去操作。

為此，工程師常常向賈伯斯提出抗議，說他們根本就設計不出「Mac」奇特外形所需要的塑膠外殼。

但賈伯斯還是堅持「Mac」的外殼必須是一體成型，他要讓「Mac」的構造成為一種製造工藝的突破。

有一天，一位工業設計師對賈伯斯大叫道：「賈伯斯，我做不到，它太複雜了！」

賈伯斯絲毫不顧設計師的強烈態度，他只冷冷地對這位設計師說：「我不接受你的說法。要是你做不到，我會找其他人。」

這就是賈伯斯，傲慢、暴躁，似乎從來不懂得尊重他人。但正是在賈伯斯這種刺激性語言的激勵下，研發人員往往可以設計出更好的東西。

最終，研發人員真的設計出了賈伯斯要的那種塑膠外殼。雖然過程十分艱辛，但最終他們確實做到了，而且取得了極好的效果，幾乎所有消費者都對它愛不釋手。

可以說，正是賈伯斯強硬的要求才使得「Mac」得以完美登場。

「Mac」的完美登場除了讓消費者為之瘋狂以外，還引起了廣大媒體的熱切關注。發行量很多的一家著名雜誌用了大塊版面來報導「Mac」，隨處可見其間的溢美之詞，其中該雜誌的一位

評論員在一篇報導中這樣寫道：

　　「Mac」是一種很有趣的電腦。作為一個擁有 Apple II 的人，我覺得操作如此容易，以至於感到有些不敢相信。

　　我發現這種電腦使用起來非常方便，以至於在我寫這篇評論時，我八歲的孩子一直纏著我要使用「Mac」。一個小時內，她就熟悉了相關術語，知道如何操作這台機器。

　　「Mac」代表著最先進的視窗技術，而價格則只是購買 IBMPC 視窗軟體的價格。它的速度和成熟在我見過的任何視窗產品之上。它的小巧使它成為辦公桌上很受歡迎的電器。

　　將「Mac」集成到連接成網路的辦公系統的計劃對於幾乎所有知識工作者都很有吸引力。無論你是否要到市場上購買電腦，都能感受到「Mac」的魅力。我相信你也想要一台。

　　相對於雜誌的煽情報導，另一家雜誌的評論就顯得更為客觀些：

　　「Mac」是個人電腦歷史上最具有硬體價值的電腦。這種電腦吸引了多數沒有時間或不想經過長時間學習個人電腦複雜功能的人。除無法預料的技術問題外，只要一九八三年年底有比較合理的軟體庫，「Mac」應該能確立在下一代個人電腦中的標準地位。

　　除了雜誌方面的讚譽外，微軟的創始人比爾‧蓋茲也對「Mac」毫不吝嗇地讚賞道：

下一代很有意思的軟體將在「Mac」電腦上實現，而不是在 IBMPC 上。任何能在 128K「Mac」上編寫出優秀應用程式的人都應該獲得獎章。

加州電腦歷史博物館館長麥克爾‧威廉斯對「Mac」也給予了很高的評價：

之後二十年著名的個人電腦時代都是源於此時。

像這類的讚譽之詞，從「Mac」亮相以來就未曾斷絕過。

人們對「Mac」的讚美和肯定，讓賈伯斯感到無比的自豪。他被人稱為「Mac 之父」，賈伯斯終於找到了自己的價值，找到了與沃茲尼克相抗衡的法寶。

與沃茲尼克分道揚鑣

賈伯斯一直有一個夢想，就是希望在電腦設計方面擺脫沃茲尼克的陰影，因為他老是感覺自己無法忍受沃茲尼克在設計方面的強勢，從而使自己時時產生挫敗感。

而沃茲尼克也越來越不喜歡賈伯斯，因為賈伯斯整天讓他參加沒完沒了的會議。本來沃茲尼克對開辦公司就沒有興趣，他只是比較熱衷於設計電腦，而且把這當作一種興趣在做，而賈伯斯卻想把他的產品賣到全世界去。

伴隨著蘋果公司的成長，賈伯斯與沃茲尼克之間的差異也

越來越明顯。

　　與賈伯斯不同，沃茲尼克沒有成為億萬富翁的專注和野心。所以他在發現自己擁有的財富一輩子都花不完後，便開始將自己的財富分給親朋好友。

　　沃茲尼克這一連串的行為，也讓賈伯斯極其看不慣，因為在他看來，沃茲尼克的行為已經影響到公司的進展了，而這是賈伯斯最難以接受的。

　　沃茲尼克將一千股一組的蘋果公司股票贈送給自己的朋友、家人以及在蘋果公司作過貢獻卻被忽視的那些同事。沃茲尼克的這種慷慨，心意是好的，卻不經意地迫使蘋果公司提前公開上市。

　　當時，蘋果公司的總裁麥可‧斯科特如此解釋道：「公司的歷史上有一些不可思議的數字，其中一個數字就是五百。一旦有五百個股東，就必須在美國證券交易委員會備案。」

　　因此，在沃茲尼克的慷慨下，蘋果公司成為了事實上的上市公司。

　　蘋果公司上市後，沃茲尼克在設計蘋果系列電腦方面顯得越來越難以專注。從沃茲尼克本身的性格來講，他只對有挑戰性的項目感興趣，而對修改最初設計方案這樣的事情絲毫提不起興趣，這恐怕是沃茲尼克很難專注於蘋果電腦的最根本原因。

　　除了這個根本原因之外，還有一個直接原因，那就是沃茲

尼克又陷入到熱戀之中。

一九八〇年七月，在經歷了一次失敗的婚姻後，沃茲尼克開始與蘋果公司的員工坎迪·絲卡森·克拉克進入熱戀之中，克拉克是美國奧林匹克皮划艇隊前隊員。經過短短幾個月的相處，兩個人便墜入了愛河，並於當年聖誕節正式訂婚。

為資金所迫的沃茲尼克在離開公司兩年後又回到了蘋果公司。

那天，沃茲尼克來到蘋果公司園區的大樓，Apple II 分公司所在地，謙恭地要求找點事做。

剛剛上任兩個月的蘋果總裁約翰·斯卡利認為沃茲尼克的歸來將能很好地振作 Apple II 的士氣，於是便欣然同意了沃茲尼克的要求。

果然，沃茲尼克的歸來大大鼓舞了蘋果系列電腦的研發者。在沃茲尼克的帶領下，他們很快就使 Apple II C 的滑鼠能夠正常工作了。

之後，沃茲尼克又領導了一個重量級的電腦研發項目，代號為 Apple II X。該項目以西方設計中心的 65812 處理器為基礎，該處理器與 Apple II 中的 6502 處理器相互兼容。Apple II 還配有第二個處理器插槽，這樣它就能運行 IBMPC 和「Mac」軟體。

不過，在研發工作結束前，該項目就被撤銷了，因為西方

設計中心不能及時生產出晶片。

　　同時，賈伯斯為了避免 Apple II 產品線威脅到「Mac」占有的市場份額，對沃茲尼克領導的 Apple II X 也提出了反對意見。

　　這樣一來，沃茲尼克手中的工作就被掏空了。手頭沒有設計方面的工作，本應該很清閒的沃茲尼克卻被沒完沒了的會議干擾得無法清閒。身負盛名也給他帶來了無休止的煩擾，如電話、愛好者的郵件、演講活動等。

　　最讓沃茲尼克氣憤的還不是這些，而是公司忽視他設計的 Apple II，甚至希望它停產並退出市場。

　　沃茲尼克氣憤難當，他向蘋果公司的高層嚷道：「作為第三大股東，我想讓你們知道我非常生氣，Apple II 小組中有許多人也很氣憤。這些為 Apple II 工作的人整天聽到的都是『Mac』。看到他們士氣低落，我也深受傷害。今天早上我來上班時，工程師、管理人員和祕書都已準備提交辭呈，他們對此非常憤怒。給股東的印象是公司所有的收入都是來自『Mac』。」

　　蘋果高層試圖平息沃茲尼克的憤怒：「史帝夫，你冷靜一下，我們都是從公司整體利益的角度來考慮的。」

　　但是，一向個性溫和的沃茲尼克卻變成了一頭發怒的雄獅，他實在是對蘋果公司對自己設計的忽視忍無可忍，所以儘管新任總裁斯卡利極力挽留，他還是離開了蘋果公司。

一九八三年二月六日，蘋果公司方面宣布沃茲尼克可以再次去做一些他感興趣的工作。

但顯然沃茲尼克並不買這個帳，這一次，沃茲尼克徹底斷絕了自己回蘋果公司的後路，在離開公司時，他將擁有的蘋果公司百分之四的股份，以每股三十美元拋售了。

儘管蘋果公司的公關人員努力給沃茲尼克的離開發出積極的訊息，堅持說沃茲尼克作為工程顧問將繼續留在花名冊上，年薪為兩萬美元。

但沃茲尼克並不領情，他在媒體面前嚴厲批評蘋果公司的管理層說：「他們簡直是一群渾蛋，竟然在 Apple II 產品線創造公司百分之七十收入的情況下卻支持『Mac』。」

沃茲尼克痛苦地離開蘋果公司，最大的原因就是他們對 Apple II 產品線的扼殺。而之所以扼殺 Apple II 生產線，是因為他們忙著生產「Mac」，這種形勢說穿了就是賈伯斯造成的。因此，沃茲尼克對賈伯斯的「偏心」很是氣憤，他認為如果不是賈伯斯壓制蘋果電腦，自己也不至於離開蘋果公司。

這次離開蘋果公司，沃茲尼克很快就與蘋果公司的同事、工程師喬·埃利斯成立了一家新公司。起初這家新公司被命名為「我最好的朋友」，因為沃茲尼克希望自己的新產品是生動有趣、方便使用的家用電器。不過很快公司就更名為 CL9，因為那時他們正在製造一種控制音響和影片消費的電子設備。

憑著沃茲尼克在設計方面的天分，沒過多久，他就讓賈伯斯明白了一件事——即使離開蘋果公司，他也可以過得很好。

面對沃茲尼克的挑釁，賈伯斯自然有辦法應付。

賈伯斯第一次看到沃茲尼克新產品的圖紙時，他正在加州的坎貝兒訪問專業創意設計公司。在看到沃茲尼克產品的圖紙後，他立即就告訴工業設計師必須停止為 CL9 公司工作。

因為蘋果公司是最大的客戶，所以該公司的老闆只好停止與沃茲尼克的合作。

關於這件事，賈伯斯否認是出於某種個人動機，他對此解釋道：「我們不想看到自己的設計語言在其他產品上使用。」

沃茲尼克卻不相信賈伯斯的這套說法，他耿耿於懷地說：「史蒂夫·賈伯斯恨我，可能是由於我講過有關蘋果公司的事情。」

無論是出於怎樣的動機，賈伯斯和沃茲尼克這兩個當年最要好的朋友，至此已經徹底分道揚鑣了。

離開「蘋果」

如果就這樣認輸，我就不再是賈伯斯了！ 我
要始終相信自己，我依然可以再次創造奇蹟！

—— 賈伯斯

遭遇巨大的挑戰

一九八○年，蘋果的成功上市，讓賈伯斯乃至整個蘋果公司都陷入了鮮花和掌聲的包圍之中，人人內心得到了極大的滿足和陶醉。

至一九八一年八月十二日，IBM 的個人電腦正式進入市場，但這時，包括賈伯斯在內的蘋果公司中的任何人，誰也沒有料到危機已經悄然出現。

IBM 一九一一年創立於美國，全稱是「國際商業機械公司」，發展初期的主要業務為商用打字機，而後轉為文字處理機，然後到電腦和有關服務。

在一九五○年代，IBM 成為美國空軍自動防禦系統電腦發展的主要承包商。在一九六○年代，IBM 是美國八大電腦公司中最大的一家。

然而對於這樣一個電子行業的龍頭老大，賈伯斯卻並沒有放在眼裡。在他看來，IBM 的輝煌已經是歷史了，現在的時代是屬於蘋果的，是屬於他賈伯斯的。

IBM 公司推出了第一款個人電腦時，蘋果公司的研發人員買回了這樣一台，並把它拆開研究。他們認為，這款機器除了配有一個五點二五英吋的磁片驅動器和一個 16K 的記憶體外，在技術上並沒有什麼突破。

　　另外他們發現，IBM 的個人電腦既不美觀，體積也很大，顯得很笨重，更沒有技術方面的創新，還不容易操作。對此，蘋果公司更加自大，對來勢洶洶的 IBM 也毫不在乎。

　　甚至，賈伯斯竟然在公共場合對 IBM 的個人電腦進行嘲弄：「我覺得很奇怪，世界上最大的電腦公司 IBM 甚至都比不上 Apple Ⅱ，Apple Ⅱ 可是六年前在車庫裡設計的。他們只是重新包裝了一下，或者是稍微擴展了一下 Apple Ⅱ 的技術。」

　　與此同時，蘋果公司也推出了「Mac」電腦，研發組的研發人員堅信他們設計出的電腦比 IBM 個人電腦更為優秀，而且一定會在市場上大敗 IBM 的電腦。

　　在「Mac」的發布會現場，賈伯斯更是充分表演了他的語言天賦，大聲疾呼：「IBM 想獨吞這塊市場，正在將槍指向其進行行業控制的最後一個障礙即蘋果公司。藍色巨人會主導整個電腦行業、整個訊息時代嗎？」

　　馬庫拉對 IBM 的個人電腦上市也持樂觀態度，他說：「我們計劃並等待 IBM 進入市場已經四年了。我們有驅動器，有三十萬安裝用戶，有軟體庫和分銷系統，IBM 只有招架的份兒。除非發生第三次世界大戰，否則他們很難打敗我們。」

　　蘋果公司甚至製作了這樣一則貶低別人、抬高自己的廣告。

　　一九八一年八月十四日，在 IBM 推出個人電腦僅僅兩天之後，蘋果公司就在著名的《華爾街日報》上刊登了整版廣告，他

們虛張聲勢地歡迎 IBM 進入個人電腦市場。

廣告中這樣寫道：

歡迎 IBM 公司，蘋果公司真誠歡迎你們和我們合作。歡迎你們光臨三十年前電腦革命以來最激動人心、最重要的電腦市場。

祝賀你們研發了世界上第一台電腦，我們期待著我們之間激烈的良性競爭可以把美國的電腦技術傳播到全世界。

我們正在做的就是透過提高每個人的工作效率來增加社會財富。歡迎你們加入到我們的隊伍裡來。

這段看似友好的話，其中的意味卻不言而明：作為對 IBM 個人電腦投放市場的響應，蘋果公司實際上把 IBM 看成自己的繼承人。

在賈伯斯看來，IBM 的個人電腦在市場中只能是個配角，而他的「Mac」電腦才是最大的贏家。

賈伯斯對 IBM 公開挑釁道：「我們將讓 IBM 退出市場，我們讓它吃不了兜著走。」

但後來的事態發展並不是像賈伯斯所期望的，吃不了兜著走的不是 IBM，而是蘋果公司。對於 IBM 這個最強勁的競爭對手，蘋果公司更多的是狂妄自大，而這種輕敵的心態無疑為其後來的失敗埋下了伏筆。

　　IBM 憑藉著它強大的品牌效應，迅速占領了個人電腦市場。當年就銷售了五萬台個人電腦，兩年後 IBM 銷售的個人電腦已經超過蘋果公司。根據數據統計，一九八三年蘋果公司在個人電腦市場的份額達到百分之二三十，而 IBM 的市場份額則迅速攀升到百分之十八到百分之二十六。

　　比爾·蓋茲描述當時的情況說：「IBM 宣布其 PC 機投入市場那天，我恰好在蘋果公司，他們似乎並不在乎，一年後他們才意識到這件事。」

　　後來，蘋果公司意識到自己的失誤後，他們決定用一九八三年推向市場的「Lisa」電腦來抗衡 IBM 的個人電腦。

　　但「Lisa」電腦也沒有搶奪到 IBM 的潛在用戶，原因是它存在幾個致命缺陷：首先，「Lisa」電腦九千九百九十五美元的高昂價格使很多用戶望而卻步，幾乎沒有人能接受這樣昂貴的價格；其次，「Lisa」的軟體產品不能與市場上的任何產品兼容，需要捆綁七款應用程式；另外，「Lisa」電腦內部採用的 Motorola 68000 處理器，根本無法勝任處理訊息點所有工作，這使得「Lisa」電腦運行速度出奇的緩慢。

　　除了「Lisa」電腦自身的缺陷，IBM 成功的另外一大原因是他們在一九八二年順應了美國政府對其提出的反壟斷指控，開放了 IBM 個人電腦標準。而這種標準後來成為了行業標準，以至於很多公司包括惠普、康柏、戴爾等也只能生產和 IBM 兼容

的電腦。

但蘋果公司卻不懂得「識時務者為俊傑」的道理，沒有將技術標準及時開放。所以儘管「Lisa」電腦的軟體程式優於 IBM 的技術，它的操作程式也比 IBM 的 DOS 操作程式先進了整整一代，但人們還是更願意選擇 IBM 的個人電腦。

一九八三年，「Lisa」電腦在市場上被 IBM 的個人電腦打得「落花流水」，這讓蘋果公司的管理人員，包括賈伯斯在內都感到了巨大的壓力。

為了擺脫這種頹勢，蘋果公司管理層決定再為公司尋找一位深諳行銷之道的管理者，也許只有這樣，蘋果公司才能招架 IBM 的進攻。

在經過一番慎重的調查比較後，百事可樂的總裁約翰·斯卡利成了蘋果公司最後的選擇。

斯卡利是一位公認的一流的市場銷售專家，他曾在沃頓商學院獲得 MBA 學位，一九六七年加入百事公司，三十歲就升任百事可樂的銷售副總裁。他提出的赫赫有名的「百事可樂挑戰」非常成功地為百事可樂打開了市場。

該活動是讓消費者同時品嚐沒有標籤的百事可樂和可口可樂，結果多數人更喜歡百事可樂。透過這一活動，百事可樂的市場份額不僅大增，而且斯卡利也成了一位受人尊重的銷售高手。

為了表達誠意，吸引斯卡利離開安逸的百事可樂，蘋果公

司為斯卡利支付了一百萬美元的年薪，另有一百萬美元的簽約獎金，一百萬美元的離任經濟補償，以及蘋果公司三十五萬股股票期權。

此外，賈伯斯為了能讓蘋果公司盡快擺脫困境，更是連續四個月拜訪斯卡利。然而斯卡利還是很猶豫，因為他不知道自己能否勝任這樣一份工作，更不知道已經跌入谷底的蘋果公司的命運會走向何方。

在斯卡利又一次拒絕了賈伯斯後，賈伯斯大聲問道：「你想用賣糖水來度過餘生，還是想要一個機會來改變世界？」

這兩句話觸動了斯卡利那根最為敏感的神經，經過一番思考後，他毅然離開了條件優越的百事公司，來到了強大壓力之下的蘋果公司。

一九八三年四月八日，四十四歲的斯卡利被任命為蘋果公司的總裁兼 CEO。隨後，斯卡利發表就職演講，他激動地說：「如果你們想問我為什麼來蘋果公司，這其中只有一個原因，那就是在這裡可以和賈伯斯一起工作。我把他看成是我們國家在這個世紀裡一個真正偉大的人物。現在我有機會能夠幫助他，這件事本身就讓我興奮不已。」

有了新的管理者，當然還要有新的產品，才能讓蘋果公司重新煥發生機。於是，蘋果公司順勢推出了「Mac」電腦，決定和 IBM 決一勝負。

　　在接受《花花公子》採訪時，賈伯斯說：「蘋果公司和 IBM 真的該做個了斷了。如果由於某種原因，我們犯了一些重大的錯誤，IBM 勝了，我個人的感受就是以後的二十年就會處於電腦世界的黑暗時代。一旦他們占領了電腦市場，他們就會停止創新，也會阻止任何創新的開發和設計。」

　　然而，「Mac」還是遭遇到了巨大的失敗。雖然「Mac」獲得了人們的讚譽，可是它並沒有得到市場的認可。原因是「Mac」和「Lisa」電腦一樣，採用了完全封閉的設計構造，「Mac」的所有配件都不能同其他產品兼容，而且在短期內配套跟不上，電子表格和文字處理等軟體兩年後才推出。

　　同時，蘋果公司為了獨吞整個個人電腦市場，還不允許別人製造兼容機。

　　此外，「Mac」的價格高出 IBM 個人電腦將近一千美元，而這也是很多人不選擇「Mac」的重要原因。

　　當然「Mac」沒有得到市場認可還有一個重要的原因就是，IBM 已經占領了市場，憑藉它的開放技術，IBM 的個人電腦已有千種軟體程式可供選擇安裝，這使得用戶感受到了 IBM 的強大，因此也更樂意選擇 IBM 的個人電腦。

　　所以，「Mac」面市後銷售量一直下滑。雖然蘋果公司決定耗資一千五百萬美元為「Mac」做一百天的廣告閃電戰，但依然無法改變「Mac」在市場上的敗局。

　　不過，自信滿滿的賈伯斯卻堅持說：「我認為，『Mac』在這一年的銷售量會達到五十萬台。」

　　很多人都認為這樣的銷售計劃是不可能完成的。就像「Mac」的一位市場部經理所言：「我聽到了一種非常荒唐的銷售計劃，也就是一開始的一百天內銷售出七萬台『Mac』，而在一年之內要銷售五十萬台。我想這簡直是發瘋了。」

　　很多人反對賈伯斯瘋狂的銷售計劃，公司市場部的兩位主管對這一銷售計劃提出了公開質疑，並希望賈伯斯能保持清醒的頭腦。

　　但任性的賈伯斯卻把他們都免了職。

　　「Mac」的銷售依舊非常糟糕，行銷大才斯卡利決定仿製他的「百事挑戰」活動來提高「Mac」的銷售量。他在《新聞週刊》的封底做了這樣一則關於「Mac」的廣告——試用「Mac」促銷活動。

　　這次活動的方法，就是任何有信用卡的人都可以到蘋果經銷商的店內填寫一張表格，然後就可以將「Mac」電腦帶回家試用二十四小時。

　　當時大約有二十萬人參與了這次活動，可後來的事實說明，這次活動並沒有讓「Mac」的銷售情況出現任何好轉，甚至出現了更大的虧損，因為大多數借出的「Mac」電腦退回來時都有輕微的損傷。

試用『Mac』」失敗後，蘋果公司又推出一則商業廣告片《旅鼠》。在《旅鼠》廣告片中，很多蒙著眼睛的商務人士每個人的一隻手都搭在另一個人的肩上，而另一隻手則拿著公文包，一個個像旅鼠一樣從懸崖上跳下。

在枯燥的「去工作，我們走！」的旋律中，一個清亮的聲音開始詠唱：「一月二十三日，蘋果公司將宣布『Mac』。」此時，隊列中最後一個人，在聽到聲音後，解開了蒙在眼睛上的繃帶，停留在懸崖邊上，旁白繼續說：「你可以看清未來，或你也可以照常做你的工作。」

但是這次，蘋果公司又以慘敗而告終。

不久後，蘋果公司又推出了一款「Mac」序列產品，但實際上這種產品還沒有研發出來。而這一重大決策失誤，又一次讓得不償失的蘋果公司陷入了危機之中。

這時候的蘋果公司一片狼藉，在發布業績時，甚至出現了虧損。一九八五年六月二十八日，蘋果公司宣布第一次出現赤字，虧損一千七百二十萬美元，並且銷售量比上一年滑落百分之十一。

蘋果公司變得緊張起來，因為這是公司歷史上首次面臨的嚴峻問題。之前，雖然也推出了像「Lisa」電腦這樣的失敗產品，可是 Apple II 的收入尚能掩蓋這一失誤。而此時，人們都在抨擊 Apple II 已經成為過時的產品，沒有人再來追捧

Apple II，Apple II 已經無力支撐整個公司。

作為公司業績的晴雨表，蘋果公司的股票也一直在下跌，最後跌至每股十五美元。

從蘋果公司離職

一九八三年，斯卡利接受了蘋果公司的邀請，成為蘋果公司的總裁兼 CEO。

在剛剛開始的那段時間，斯卡利正好趕上「Mac」投放市場的美好時光，因此他的工作進展得很順利。而這段時間，賈伯斯與斯卡利的關係也非常融洽，兩個人成了親密無間的朋友，商業報導甚至稱他倆為「動態二重唱」。

不久，蘋果公司宣布歷史上首次出現季度虧損，被迫裁員五分之一。一向自信的賈伯斯面對如此狼藉的局面，也多少有些束手無策。

隨後，蘋果公司管理層開始總結公司出現赤字的原因，發現很多原因都是賈伯斯的一意孤行和固執己見而為，甚至有人公開指出賈伯斯在蘋果公司的負面作用大於正面作用。

而斯卡利此時也意識到，他們兩個人的合作並沒有將蘋果公司帶上發展的軌道，相反公司的狀況日益下降，要想重振蘋果公司，必須對賈伯斯有所動作。

　　這時，賈伯斯與斯卡利之間的矛盾也逐漸浮出水面。

　　雖然斯卡利名義上是公司的總裁，實際上所有的權力都掌握在賈伯斯的手裡，本來很多需要向斯卡利匯報的工作，都要到賈伯斯那裡匯報。

　　斯卡利對賈伯斯這種越權的行為很是惱怒，但由於初來乍到，斯卡利還是容忍了賈伯斯的一意孤行。就像公司的人力資源部副總裁埃利奧特所言：「我們僱用斯卡利是來指導賈伯斯工作的，但是結果卻正好相反，是賈伯斯在教斯卡利如何做事。」

　　當時，賈伯斯儼然成了蘋果公司的真正總裁。

　　然而，斯卡利的忍讓並沒有改變這種情況，甚至越來越嚴重。儘管斯卡利為人從容、矜持、理智，但也無法長期容忍賈伯斯的一意孤行和飛揚跋扈。隨著蘋果公司的虧損問題的出現，斯卡利決定親自掌管蘋果公司的一切。

　　於是，斯卡利不再聽從賈伯斯的「呼來喝去」，而是公開指出賈伯斯的一次次決策失誤，他要讓賈伯斯知道現在他才是蘋果公司名副其實的 CEO。

　　斯卡利發現賈伯斯在工作中存在著很嚴重的問題。賈伯斯年輕有為，在公司裡唯我獨尊，一意孤行。而且他熱衷於技術，不懂管理，再加上叛逆的性格，以至於他常常會作出一些違背商業規律的決策。在斯卡利看來，正是由於賈伯斯決策和策略上的失敗，才使蘋果公司出現危機。

於是，斯卡利針對賈伯斯工作中的失誤給予了嚴厲的指責。

有一天，斯卡利當眾指責賈伯斯：「史蒂夫，我認為，正是因為你在『Mac』的研發過程中不顧一切地追求完美，才使『Mac』錯過了面市的最佳時機，而研發成本過高又導致它價格高昂。同時，你在『Mac』的外觀設計上不惜重金的做法，也是造成『Mac』在市場上受冷落的原因。我看，你完全是從技術研發的角度來確定價格，而且在工作中那種殘酷的完美主義，使你忽略了成本問題，以致『Mac』遭遇慘敗。」

同時，斯卡利認為在「Mac」的銷售上，賈伯斯樂觀的估計也是一項重大失誤。

當時，賈伯斯提出了一年銷售五十萬台「Mac」的計劃，按照常理這幾乎是不可能完成的任務。很多人反對賈伯斯瘋狂的銷售計劃，而且公司市場部的兩位主管對這一銷售計劃提出了公開質疑，並希望賈伯斯能保持清醒的頭腦，但賈伯斯卻俐落地把他們免了職。

賈伯斯總認為，他的銷售策略是正確的，他們的產品可以適應市場需求。所以，他總是我行我素。

就像公司的一位副總裁所言：「賈伯斯所做的市場調查就是每天早晨看一看鏡子裡的自己。」

此外，為了扭轉敗局，賈伯斯又錯誤地在電視上做了一則商業廣告片《旅鼠》。這則廣告的推出不僅沒有造成作用，更為

嚴重的是，《旅鼠》中提到的「Mac」Office 機型，蘋果公司根本就沒有研發出來。而這一重大決策失誤，又一次讓蘋果公司陷入了危機之中。

而且賈伯斯還拒絕其他公司仿造蘋果電腦，而這實際上阻礙了蘋果將其領先的技術標準轉化為行業標準。所以說，是蘋果公司的自我封閉，給 IBM 製造了發展良機。

這些決策上的重大失誤讓斯卡利看清了賈伯斯，他評價賈伯斯說：「史蒂夫很有激情。他傲慢、蠻橫、極端和苛刻。同時，他還不成熟，脆弱、敏感且容易受傷。他精力充沛、很有遠見、魅力超凡，不過經常固執己見、態度強硬並且直率得讓人無法忍受。」

所以，斯卡利決定罷免賈伯斯在「Mac」項目組的研發負責人職務，以免錯誤決策再次發生。

而且當時更對賈伯斯不利的是，他在蘋果公司已經是眾叛親離，無論董事會成員還是公司的員工，都站到了他的對立面。

董事會認為賈伯斯在「Mac」研發組是多餘的，而且他應該為「Mac」的失敗負責。公司的一位副總裁麥克·默里在發給蘋果公司高層的一份備忘錄中說：「公司出現的重大決策問題應該歸咎於賈伯斯的公司發展策略的失敗，他的發展策略明顯是以公司的生存為代價的。」

在大家的眼中，賈伯斯就像是一個冷酷的賭徒，他把蘋果

公司的發展賭在上面，而「Mac」在某種程度上也只不過是賈伯斯的賭注罷了，這讓蘋果的管理層無法原諒。於是他們堅決地站在了斯卡利一方，毫不猶豫地將賈伯斯趕出了「Mac」研發組。

蘋果公司的員工早就對賈伯斯頗有意見，很多員工都難以忍受他冷酷、孤僻、暴躁、傲慢、一意孤行、自以為是的性格，在員工的眼中，賈伯斯就是一個專制粗暴的領導者。

而賈伯斯的個性也的確讓他失去了員工的擁護和尊重，當初賈伯斯被迫離開「Lisa」研發組後，在一次公開會議上，對「Lisa」電腦研發組成員說的第一句話是：「你們真是一群飯桶。」而這句話激起了公司員工對他的憎恨和憤怒。

於是，在董事會上，斯卡利宣布讓加塞取代賈伯斯在「Mac」研發組的位子。經過這次調整，賈伯斯被踢出了「Mac」研發組，而實權則被牢牢地抓在了斯卡利的手裡。

雖然賈伯斯被撤銷了蘋果公司的一切經營性職務，但斯卡利並沒有「趕盡殺絕」，而是讓他繼續擔任董事會主席。

透過這件事，賈伯斯和斯卡利的矛盾衝突更加激烈，兩個人從起初的合作夥伴變成了對方的「眼中釘」。

有一位旁觀者描述說：「斯卡利和賈伯斯這種夥伴關係不會持久，偏激、善變的賈伯斯擁有蘋果公司近百分之十二的股票，就會將同樣偏激但卻更加專注的斯卡利逼回東部。」

結果也正像這位旁觀者所說的一樣，兩個人的關係很快就

破裂了。不過，人們只想對了過程，卻沒有預測到結局。結局卻不像那個人後半句所預料的那樣，並且可能出乎所有人的想像，最終退場的不是斯卡利，而是賈伯斯。

在賈伯斯離開「Mac」研發組後，斯卡利開始準備進行一次中國之行。

被趕出「Mac」研發組的賈伯斯非常不甘心，他就想利用斯卡利去中國的機會把他趕下台。當時他把自己的策劃告訴了加塞，因為賈伯斯對加塞很有好感，認為他是值得信任的人。

可是加塞卻不這樣想，在知道了賈伯斯的計劃後，他馬上就將賈伯斯的計劃告訴了斯卡利。加塞說：「在我看來，我說句公道話，蘋果公司更需要斯卡利先生您這樣一個管理者，而不是像賈伯斯那樣的一個脾氣暴躁的領導者。我相信，其他人也是這樣想的。」

加塞這句話給了斯卡利極大的信心，在得知了賈伯斯的計劃後，斯卡利立即取消了他的中國之行，並在第二天一早召開了緊急會議，這次他決定要給賈伯斯「好看」。

事情的發展，埃利奧特作了形象的描述：「我認為，他們倆簡直就像小孩，賈伯斯竭盡全力想贏得這場『宮廷政變』，而斯卡利行動起來也像一個被寵壞的小孩。他們兩個都想把蘋果公司納入自己的麾下。」

在會議上，斯卡利憤怒地對賈伯斯吼道：「是我在管理公

司，史蒂夫，我要你馬上從這裡消失，就是現在！」

賈伯斯面對斯卡利的指控，立即用刻薄的口氣回擊說：「我認為你對蘋果公司沒有什麼好處，讓你經營這家公司是個錯誤。」

接著，賈伯斯對董事會的成員說：「現在應該考慮一下斯卡利的問題，他該離開蘋果公司了，他不知道自己每天都在做什麼，我不能再忍受和他共事。」

在整個會議中，賈伯斯和斯卡利不斷地互相攻擊……

在會議即將結束的時候，斯卡利忽然說道：「如果賈伯斯留在公司，我就會選擇離開。」

賈伯斯認為，自己是蘋果公司的創立者，肯定會有大批的支持者站在自己一邊。但事實是，在這個關鍵時刻，董事會選擇了斯卡利，他們決定解除賈伯斯的一切行政職務，包括他的「Mac」研發領導職務。今後，只讓他擔任蘋果公司的董事長，不得介入具體的經營事務。

就這樣，賈伯斯被「貶」了。他被安排到蘋果公司大廈對面的一座小樓裡，負責蘋果電腦的「全球策略」，但實際上這只是一個有名無實的崗位。

當時，很多人都擔心地以為，賈伯斯會在董事會上大罵一通，然後頭也不回地離開蘋果公司。

　　但令人跌破眼鏡的是，賈伯斯選擇了忍氣吞聲，他搬到了那座小樓裡辦公，不以為然地坐在辦公桌上說一些俏皮話，並自嘲說自己被放逐到了遙遠的「西伯利亞」。

　　有好事者懷著好奇詢問賈伯斯被「貶」的滋味，賈伯斯回應道：

　　我並不是一個天生就喜歡追逐權力的人，我只在乎蘋果公司的發展。我成年以後生活的大部分都投入到製造偉大的產品和建立一家偉大的公司中。所以我將盡我所能促進蘋果公司的成長。

　　可以這麼說，如果蘋果公司需要我掃地，我可以去掃地；需要我去清理廁所，我也可以去清理廁所。

　　對於一些人而言，當事情發生時是非常困難的。你必須非常強烈地思索你的內在價值──什麼對你而言是真正重要的。當事情發生得很快時，你沒有時間仔細思考，它可能擾亂你的思緒。

　　雖然當時賈伯斯對未來很迷惘，但是這樣毀滅性的打擊並沒有挫敗賈伯斯。離開了蘋果公司的管理層後，他每天都打電話給斯卡利還有蘋果公司的管理層，詢問有沒有他可以做的事情，他甚至還會默默參加蘋果公司的例行會議。

　　但賈伯斯的「示弱」並沒有得到斯卡利和管理層的原諒，他們甚至將所有的錯誤全都推到了賈伯斯的身上。

當時，蘋果公司的經營狀況非常糟糕，不僅蘋果公司的股票持續下降，而且在一九八五年六月二十八日結束的那一季，蘋果公司虧損了一千七百二十萬美元，營業收入比上一年同季下降百分之十一。

幾天後，蘋果公司的季度會議上，斯卡利強硬地說：「在公司裡，已經沒有賈伯斯發揮作用的部門了，不論現在還是將來。」

賈伯斯當時就坐在後排，他聽到斯卡利的話後，感到非常震驚。似乎覺得有人揍了他的胃一拳，他一下子喪失了鬥志，甚至無法呼吸，簡直快不省人事了……

一九八五年九月十七日，賈伯斯向蘋果公司遞上了辭呈，他選擇了離開。隨後，賈伯斯陸續賣掉了他在蘋果公司的所有股票，只保留了一股，並聲稱這樣是為了得到蘋果公司年度財務報告。

賈伯斯其實是非常痛苦的，他私下對旁人說：「最初，公司運作得很好。但是後來我們對未來的看法發生了分歧，總是爭吵。當爭吵得不可開交的時候，董事會總是站在斯卡利的一邊。」

「所以在三十歲的時候，我被炒了，我在這麼多人的眼皮下被炒了，我感到了毀滅性的打擊，我才三十歲，我希望自己能有繼續創造一些東西的機會。至少有一家偉大的公司能滿足我，不

過蘋果除外，我知道，它並不打算給我機會了。我在林間走了很
久，那時我真的不想和人講話。」

　　就這樣，這位開創蘋果公司歷史並一直為「蘋果」瘋狂的
人，戲劇性地被自己親手請來的總裁踢出了家門。

重新成立公司

　　在賈伯斯離開蘋果公司之後，他發誓要創辦一家完全屬於
自己的公司，他要向所有人證明：我賈伯斯是不會輕易認輸的！
賈伯斯對自己說：「如果就這樣認輸，我就不再是賈伯斯了！ 我
要始終相信自己，我依然可以再次創造奇蹟，拿出成績給蘋果公
司看看，尤其是斯卡利！」

　　於是，在歐洲旅行數月後，賈伯斯重整旗鼓，很快就成立
了 NeXT 公司，決定東山再起。他要用最好的產品讓自己的對
手──無論是 IBM 還是蘋果公司，都羞愧難當。

　　其實在賈伯斯被迫離職之前，他就想到了這一點。因此早
在當年六月份，賈伯斯來到美國大學展開詳細調查，請同學們描
述最適合在大學中使用的電腦，試圖尋找新的創業起點。

　　九月十七日，賈伯斯向蘋果公司遞交了辭呈，幾天以後，
當賈伯斯與諾貝爾獎獲得者史丹福大學生物化學家保羅·貝格共
進午餐時，貝格向他抱怨說：「做基因拼接的真實生物實驗非常
困難，而模擬試驗項目不僅價格高，而且軟體也特別少。」

聽到貝格這句話，賈伯斯不由眼睛一亮，他意識到這是一個絕好的機會，他決定成立一家研發專供大學教育使用的電腦公司。

有了這個想法後，賈伯斯一改往日的頹廢，心中充滿了創業的熱情。他把自己要創辦新公司的設想告訴了自己欣賞的員工們，希望他們能夠和自己合作。

很多人，尤其是電腦領域的人，其實大都與賈伯斯有同樣的想法，想有機會研發真正了不起的電腦產品，期望能在完美的電腦產品上簽上自己的名字。

而他們也知道，在蘋果這樣運作成熟的公司裡，這種機會少之又少。如果在一個新成立的公司中，那就會大不相同，那裡充滿挑戰，同時也充滿了機遇。

賈伯斯激情的鼓動再次造成了效果，一位蘋果公司的員工說：「我們每個人都想參與創業，我們希望得到機會研發了不起的電腦。」

賈伯斯藉機說：「但是，在蘋果公司已經不存在這樣的機會了。」

於是，很快賈伯斯就集合了五位員工向蘋果公司遞交了辭呈，其中包括美國區銷售和行銷部高級財務主管蘇珊·巴恩斯、工程部喬治·克勞、高等教育行銷經理丹·劉文、蘋果公司電路專家費洛瑞旗·佩奇和軟體工程經理布德·崔柏。

　　這五位員工都是蘋果公司的得力員工，斯卡利在看到賈伯斯提交的名單後，他感到非常害怕。斯卡利說：「賈伯斯欺騙了我們，事實並非像他所言不會帶走蘋果公司的重要人物，他所列的名單裡有兩位是蘋果公司的高級工程師，一位是頂級的電路專家，還有兩位是蘋果公司出色的管理者。實際上，他們是蘋果公司運轉的核心力量。」

　　斯卡利認為賈伯斯創辦 NeXT 公司是一個巨大的陰謀，他是在報復蘋果公司，報復自己。於是，蘋果公司一紙訴狀將賈伯斯告上了法庭。

　　面對指控，賈伯斯嘲弄道：「他們害怕了，你很難想像，一家創立接近十年，坐擁二十億美元資產，擁有四千三百名員工的大公司居然會害怕我們這六個穿著藍色牛仔褲的傢伙，但事實就是如此！」

　　就這樣，在一片質疑聲中，一九八五年，賈伯斯帶領著這五位蘋果公司員工迅速成立了新公司，並命名為 NeXT。

　　賈伯斯為了向世人展示他那天才般的創造力，他邀請了世界著名的建築大師貝聿銘為大廈設計了一個樓梯，為此賈伯斯花去了一百萬美元的設計費用。除此之外，賈伯斯還向蘭德支付了十萬美元請他為自己的 NeXT 公司設計一個徽標。

　　從賈伯斯為 NeXT 設計的超豪華辦公場所和花費巨額資金設計的徽標來看，賈伯斯依然是我行我素，追求完美。他還是很

在意別人看來無關緊要的東西,並且不惜重金去將它們變得完美。而這樣的思維模式在 NeXT 設計新型電腦的過程中也得到了延續。

同時,這也為 NeXT 電腦後來的失敗埋下了伏筆。

賈伯斯離開蘋果公司的時候,擁有大約六百五十萬股股票。一九八五年賈伯斯拋售了四百零二點八萬股股票,獲得了七千零五十萬美元現金。一九八五年年底 NeXT 公司剛成立時,賈伯斯投入了七百萬美元。但因為公司經營燒錢的速度非常快,至一九八六年年底那些錢就所剩無幾了。

這時,蘋果公司找到賈伯斯說,要購買 NeXT 公司百分之十的股份,但賈伯斯並沒有同意,因為那並不是他的初衷。

沒有資金,賈伯斯就必須找到新的投資者,只有這樣 NeXT 才能繼續經營下去。為了尋找投資者,賈伯斯向整個風險投資界發放了自己的招股說明書。他為自己的公司估價為三千萬美元,他以 NeXT 公司百分之十的股份換取三百萬美元的投資。

但是,對於 NeXT 這樣一個既沒有產品更沒有什麼收入的公司來說,想要吸引投資是相當困難的。

一九八六年十一月的一個晚上,賈伯斯再次遇到了他生命中的貴人,他就是羅斯·皮羅特。

當晚,皮羅特在看電視時,無意間看到一篇介紹 NeXT 公司的專題文檔《創業者》。皮羅特對這個叫賈伯斯的年輕人創立

的新公司很感興趣。第二天他就給賈伯斯打電話詢問了一些情況，並承諾：「如果你需要投資者，請打電話給我。」

賈伯斯萬萬沒有想到，自己那麼容易就幸運地找到了投資者，在等了一週後，他就迫不及待地邀請皮羅特到他的公司看看，與公司的員工見見面。

在皮羅特訪問賈伯斯的 NeXT 的空工廠時，賈伯斯很懂得揚長避短，他並沒有針對具體的數據，而是堅持讓皮羅特考慮自己公司的無形資產。賈伯斯這樣的引資方式深深吸引了皮羅特，他打開自己的支票簿，直接問賈伯斯需要多少錢。

當時，賈伯斯要求皮羅特用兩千萬美元購買 NeXT 公司百分之十六的股份，並重新為自己的 NeXT 估價為一點二五億美元。

一九八七年二月，皮羅特毫不猶豫地接受了賈伯斯的條件，成了 NeXT 公司最大的投資者和董事會成員。

對於皮羅特的投資，很多業內人士並不看好。一位風險投資家說：「計算一下，你就一定會認為皮羅特更多是在做感情投資，而不是謹慎的投資。」

但皮羅特非常相信自己的決定，對於這樣的質疑他回應道：「我是在做品質投資。」

有了資金的支持，賈伯斯就開始著手進行研發工作，此時的賈伯斯依然是瘋狂地追求完美，追求創新。

一次，賈伯斯去日本出差，在 Canon 公司的總部無意中發現了光碟機。從日本回來後，賈伯斯就立即宣布 NeXT 研發的新型電腦會採用最先進的光碟機。對此，很多專家都認為，這種光碟機的技術還不成熟，短時間內不可能推向市場。

可是，賈伯斯一門心思想要研發出一款別具一格的電腦，他根本管不了那麼多，為了追求細節上的完美，他堅持要在 NeXT 電腦中配置光碟機。

賈伯斯繼續著自己的「完美」研發，為了讓新型電腦的音質更加完美，賈伯斯甚至讓電腦和小提琴手進行二重唱。

當皮羅特看到賈伯斯的工作狀態後，感慨地說道：「賈伯斯及其整個 NeXT 團隊是我見過的真正的完美主義者。」

因此，NeXT 的研發進行得相當緩慢，直至一九八八年十月十二日，賈伯斯才在舊金山交響樂大廳向媒體和大眾揭開了 NeXT 電腦的面紗。不過賈伯斯並沒有認為 NeXT 電腦推出得太遲，他堅持認為：「這已經比計劃提前了五年。」

NeXT 一經面市就好評如潮，吸引了不少用戶，這一度讓 IBM 神經緊張。

NeXT 電腦擁有 25MHz Motorola 68030 處理器、可擴展為 16MB 的 8MB 主要記憶體、250MB Canon 光碟機、Motorola 68880 數位協處理器和可以驅動實時聲音的 Motorola 56001 數位訊號處理器等裝置，而這些裝置都集中在一個邊長為

十二英吋的立體中，並配有十七英吋的 Sony 黑白螢幕、鍵盤和滑鼠。

NeXT 電腦的運行基於 UNIX4.3 的 Mach 操作系統，以功能強大的面向對象的開發環境為特色。

另外，NeXT 電腦還配有一張光碟，其中包括完整的莎士比亞作品、詞典、引用語書、技術文檔、關係資料庫服務器、人工智慧語言、語言編譯器、個人訊息管理器和集成聲音功能的圖形電子郵件。

強大的技術支持，讓賈伯斯對 NeXT 電腦充滿了信心。

媒體在介紹 NeXT 電腦時，也總會對它獨特的黑色、粗糙的表面和十二英吋的立體鎂質機殼大肆渲染，稱其擁有醒目的外觀。但事實上，數年前賈伯斯就著手設計了一款黑色的電腦。

一九八一年，蘋果公司為視聽教學的設備製造商生產了一種 Apple Ⅱ 的特殊版。它與標準 Apple Ⅱ 的不同之處就在於背板上額外加上了聲頻和影片連接器，而且擁有全黑塑膠外殼。

設計 NeXT 電腦的過程，再次充分體現了賈伯斯追求完美的性格。在賈伯斯嚴苛的要求下，NeXT 電腦用了比預期時間更長的時間才開發出來，而且所用的研發費用也比最初的期望高出很多。

儘管如此，新聞媒體對 NeXT 電腦仍是「疼愛有加」，對其高度讚賞。《個人電腦》的編輯預言：「NeXT 公司將在十八個

月內銷售兩萬五千台電腦。」《加州技術股通訊》的編輯則預言：
「NeXT 電腦在兩年內的銷售量將會突破五萬台。」

　　但是事情並沒有向媒體所預言的方向發展，NeXT 電腦並沒
有得到大學市場的青睞。

　　按照賈伯斯最初的設想，NeXT 電腦是一款專門針對大學學
生的電腦，所以他計劃將整個 NeXT 軟體包直接銷售給學校，由
學校銷售給學生和教師。

　　但是，由於 NeXT 電腦沒有提供教育者所要求的功能，而
且相對於個人電腦而言，它的價格又太過昂貴，所以在高等教育
市場，NeXT 電腦的銷售情況並不樂觀。

　　遭到失敗的賈伯斯很快轉移陣地，他與美國最大的電腦零
售商做了一筆交易，允許 NeXT 在三年內銷售十萬台電腦，這無
疑會在電腦行業颳起一陣狂風。

　　NeXT 的總裁兼 CEO 對此更是大膽預測：「NeXT 接下來
十二的月的收入將超過康柏公司過去十二個月的收入，康柏公司
的業務大約為一點五億美元。」

　　顯然賈伯斯為 NeXT 定下的這個目標實在太遠大了，但是
市場並沒有接受 NeXT。雖然 NeXT 生產的電腦優雅、美觀，而
且在技術上有很多創新之舉，但因為售價過高，注定了它在市場
競爭中落敗的宿命。至一九八八年年底，NeXT 電腦每月的銷售
量只有四百台，一九八九年全年僅售出三百六十台。

正如《快速企業》的評價所言：

如果你製造的新玩意兒帶不來現金，無法抵消成本並營利的話，那麼它就不能叫做創新，只能叫做藝術。

向好萊塢進軍

賈伯斯在創辦 NeXT 的同時，還向其他領域拓展。

一九八六年，賈伯斯投入一千萬美元巨資購買 Pixar，Pixar 公司原本只是盧卡斯旗下公司的一個電腦動畫部門。盧卡斯一直希望可以透過這個電腦動畫部門來改變動畫特效的方式，但是在研發還沒有什麼明顯的成效時，盧卡斯就遇上了大麻煩——他的妻子馬西婭宣布要與他離婚。

按照加州的法律規定，他們每人都有權獲得婚姻期間共同擁有的財產的一半。這對盧卡斯來講是一件很為難的事情，因為他的財產是幾家電影公司，他不想把公司交給馬西婭。

於是盧卡斯提出直接支付現金，幸好馬西婭在這方面沒有意見。這樣一來，盧卡斯就不得不向馬西婭提供三千五百萬美元至五千萬美元的現金。

雖然盧卡斯身為好萊塢著名的大導演，素有「星戰之父」之稱，但是他一時也拿不出那麼多的現金。從一九七五年第一部《星球大戰》開始，至二〇〇五年第六部《星球大戰》，票房一直都保持著極好的成績，盧卡斯也從中獲得了很多資金，但是那時

資金都已經投進了他創辦的電影公司中。

　　該從哪裡籌集資金呢？盧卡斯將目光放在了電腦動畫部門。最終他決定出售該部門，以獲取現金，畢竟電腦動畫部門是盧卡斯所有公司裡唯一一個沒有獲利的部門。

　　除了沒有獲利之外，促使盧卡斯賣掉該部門的更大原因是，該部門的負責人卡特姆和史密斯一直都想要研發一種能設計動畫的電腦，這與盧卡斯成立這個部門的初衷有所出入。

　　當然，其中最關鍵的一點，是研發需要大量的經費。就像盧卡斯自己所說的：「我不想做研發業務，研發太耗費時間，並且消耗大量資金。」

　　在得知盧卡斯下定決心要賣掉電腦動畫部門後，卡特姆和史密斯找到了盧卡斯，希望他可以把電腦動畫部門作為一個獨立的子公司出售，這個要求對盧卡斯來說並沒有什麼為難之處，因此很大方地同意了。

　　之後，卡特姆和史密斯就給這個公司起了個名字 Pixar。此外他們也參與了為 Pixar 尋找買家的行動。

　　在卡特姆和史密斯的大力推薦下，迪士尼公司的第二號人物卡森伯格一度對這個「神奇」公司產生了濃厚興趣，但是當聽到盧卡斯要價三千萬美元時，卡森伯格就放棄了。三千萬美元的高價，這對當時那個電腦動畫部門來講確實太高了。

　　但是盧卡斯執意不肯降價，所以兩年時間過去了，Pixar 公

司還是沒有找到買家。

早在一九八五年，賈伯斯還是蘋果公司的董事會主席，PIC 剛剛公布的時候，賈伯斯就試圖購買 Pixar 公司。那時他努力說服蘋果公司董事會收購 Pixar 公司，但是蘋果公司的董事們沒有人對此感興趣。

在那段時間裡，通用汽車的子公司曾試圖報價購買 Pixar 公司，但由於該公司要價很高，再加上子公司的皮羅特和通用董事會之間不和，最後這筆交易就沒有成功。

直至賈伯斯離開蘋果公司，並創立了 NeXT 公司時，Pixar 公司還是沒有賣出去，究其根本原因，或許就是該公司的老闆盧卡斯要價過高了。

關於 Pixar 公司的狀況，賈伯斯自然也是瞭如指掌，他看好的不是這個公司，而是這個公司的 PIC，那是一種數位光學影印機的原型。

賈伯斯雖然對這個公司的產品十分著迷，但他並不著急。賈伯斯是個談判高手，儘管盧卡斯要價很高，但他依然有辦法讓盧卡斯降低籌碼。因此，在一連串的談判活動中，賈伯斯顯得十分從容。

而盧卡斯就不同了，他急於賣出 Pixar 公司，好用換來的現金徹底結束自己的失敗婚姻，因此盧卡斯選擇了讓步。

最終，賈伯斯以一千萬美元買下了整個電腦動畫工作

室——包括人員、電腦、軟體。當然賈伯斯方面也相應地做出了一些讓步，他同意新公司研發的各種先進技術無償地提供給盧卡斯的影業公司使用。

一九八六年二月三日，賈伯斯正式獲得 Pixar 公司的大部分權益，其餘股權分別由該公司的四十三位員工所有。

等到一切手續都辦好後，賈伯斯任命卡特姆為總裁，任命史密斯為副總裁。賈伯斯自己則擔任董事會主席，他不參與公司的日常事務，同時也不從公司中領取薪水。

賈伯斯這一系列的決定和動作，在當時的商業人士看來是極其不明智的，因為 Pixar 公司是一家不僅沒有什麼收入且耗資巨大的公司。

透過這次交易，賈伯斯獲得了 Pixar 公司百分之九十的股權，也就是說他是該公司的絕對領導人。正式入主 Pixar 公司之後，賈伯斯雖然聲明自己不參與公司的日常事務，但是公司的總體走向他還是要絕對控制的。

賈伯斯認為，Pixar 應該繼續加強硬體的研發，早日將他所期待的能製作動畫的電腦推向市場。而卡特姆和史密斯顯然與賈伯斯的想法是不一樣的，他們一直以來的夢想都是製作電腦動畫電影，而且從未變過。

儘管如此，Pixar 公司在起初的發展階段還是遵照了賈伯斯的想法。因為賈伯斯對 Pixar 公司的管理並不是很嚴格，所以卡

特姆和史密斯可以私下裡悄悄地繼續他們的夢想，也正是由於他們的堅持，Pixar 公司日後才成為世界頂級的電腦動畫製作公司。如果他們徹底遵從了賈伯斯的指示，那麼，該公司將可能還只會是賈伯斯為公司配備的一個硬體部門。

實際上，賈伯斯對 Pixar 公司最初的想法就是讓其成為電腦硬體公司。除了自己對電腦硬體研發的痴迷之外，更重要的原因是賈伯斯在硬體方面失敗了很多次，這讓他很不甘心。

當年在蘋果公司的時候，賈伯斯先是在「Lisa」項目上竭盡全力，但「Lisa」項目卻成為了蘋果公司史上最失敗的產品。之後，NeXT 公司生產的電腦也乏人問津。所以賈伯斯把 Pixar 公司當作自己在硬體研發方面崛起的橋梁。

然而，Pixar 公司卻沒有順著賈伯斯的思路發展。

從本質上講，在賈伯斯收購 Pixar 之前，該公司給人的印象都是一家軟體開發公司。因為這家公司幾乎全部是用應用程式來製作動畫圖像，硬體只是它的附屬部分，而且它已經擁有了最好的專門製作動畫的電腦，利用這些電腦它完全可以達到自己所要的設計要求。

然而在收購該公司後，賈伯斯卻堅持認為 Pixar 已經具備把新型電腦推向市場的能力，他要把 PIC 電腦變成最暢銷的電腦。

對卡特姆和史密斯來講，研發或許是一件很簡單的事，但銷售就不同了。他們一點也不懂銷售之道，在銷售 PIC 電腦時，

就像他們自己說的：「我們就像在森林中失去方向感的孩童。」

不知是因為這個原因，還是因為 PIC 確實不適合在市場上銷售，總之，PIC 電腦在市場的銷售情況很不好。一九八六年五月，公司開始以底價十二點二萬美元發售 PIC 電腦。

當時，賈伯斯信誓旦旦地說：「接下來的四年圖像電腦將暢銷，就像過去幾年超級電腦成為商業現實一樣。」

然而，市場的事實卻狠狠地打擊了賈伯斯。一九八七年，公司的總銷售額還不到一百台。至一九八九年時，也只售出了兩百台。

在這之前，賈伯斯對卡特姆和史密斯在銷售方面的才能是很有信心的。事實上與其說賈伯斯對他們有信心，不如更乾脆地說他對自己很有信心：「我認為我能把卡特姆和史密斯變成商業管理人員。」

但經過連續兩年的失敗，賈伯斯徹底放棄了這種想法。

電腦賣不出去，研發方面仍需大量的資金投入。在這種情況下，為了減少 Pixar 公司的支出，賈伯斯決定關閉該公司的區域銷售辦公室，並將硬體工程師裁掉。

與此同時，賈伯斯還任命卡特姆出任該公司的首席技術官並接替自己擔任董事會主席。顯而易見，這時的賈伯斯已經放棄讓 Pixar 成為硬體公司的念頭了。

　　一九八九年，Pixar 公司的主要業務由生產電腦轉為圖像技術業務。造成這一轉變的最主要原因就是，卡特姆和史密斯讓賈伯斯看到了圖像技術的發展前景。

　　在賈伯斯忙著硬體方面的研發的時候，卡特姆和史密斯悄悄地利用圖像技術完成了一部電腦動畫作品——《頑皮跳跳燈》。這一作品在一九八七年的電腦繪圖專業組展示大會上引起了巨大轟動。短短兩分鐘的動畫短片震動了全場六千多名技術人員和動畫設計者。

　　現場經久不息的掌聲和人們的讚賞聲，讓賈伯斯覺得很不可思議，他怎麼也不會想到這樣一個簡單的小短片能引起人群那麼大的反應。

　　之後，《頑皮跳跳燈》獲得了舊金山國際電影節電腦影像類影片第一評審團獎——金門獎，並獲得一九八七年奧斯卡最佳動畫短片提名獎，這些更是讓賈伯斯沒有想到的。

　　在這一連串的驚訝之後，賈伯斯看到了電腦動畫短片背後的巨大市場。

動畫電影科技革命

　　賈伯斯從來不缺乏冒險精神，而且他常常在危急的時候能大大贏上一把，他在 Pixar 公司的舉動也毫不例外地一次次帶給人們意外的驚喜。

雖然當時 Pixar 公司出現了嚴重的資金問題，但因為《頑皮跳跳燈》的巨大成功，賈伯斯不但沒有從動畫短片設計部門裁掉一名員工，還投入了大量資金。

當時，賈伯斯由於在 NeXT 公司和 Pixar 公司投入了大量資金，導致他個人的財富迅速下降，到後來，他甚至不得不賣掉自己心愛的跑車和一直住著的私人別墅。賈伯斯把所有的資金都放在了動畫短片設計部門。

可以說，賈伯斯把自己所有的希望都押在了動畫短片上，這不僅僅是一種商業行為，而且更像是一次賭博。

有了資金後盾的動畫短片設計部門很快就推出了一部具有串聯情節的動畫電影《小錫兵》。從《頑皮跳跳燈》至《小錫兵》，Pixar 公司的動畫都給人們帶來了極大的震撼。

尤其是《小錫兵》，這部動畫電影不僅使 Pixar 公司擺脫了資金方面的窘境，還讓賈伯斯獲得了電影界至高無上的榮譽。

《頑皮跳跳燈》這個兩分鐘的短片讓人們驚豔，而《小錫兵》這部情節連貫的動畫電影則讓人們不得不對賈伯斯以及他的公司的印象大為改觀。

一九八八年，《小錫兵》更是一舉拿下了「奧斯卡金像獎」。「奧斯卡電影獎」的一位評委對此感觸頗深地說：「他們把『奧斯卡金像獎』頒發給電腦動畫短片《小錫兵》，這是有史以來第一次把獎項頒發給完全使用電腦製作的動畫電影的製作人。」

　　Pixar 公司的電腦動畫之所以能引起這麼大的反響，最主要的原因就是他們的動畫採用了一種自己研發的軟體，從而使製作的動畫不僅形象而且十分生動。

　　這種軟體是電腦圖像渲染體系。該軟體是在卡特姆帶領的研發團隊中誕生的。最開始卡特姆加入到盧卡斯的電腦動畫部門時並不會畫畫，但後來為了與史密斯一起製造電腦動畫，他特意去學了畫畫。

　　卡特姆領導的研發團隊是一個充滿嬉皮士風格的團隊，這一點讓賈伯斯十分喜愛。此外，卡特姆還是一個虔誠的教徒，雖然走路時腿有點瘸，說話也很慢，但他的能力確實是無人可及。為此，很多人都認為卡特姆看起來像是「高科技吉卜賽遊牧部落」的老首領。

　　卡特姆的這些特點在很多地方都與賈伯斯很像，賈伯斯也曾瘋狂迷戀過宗教，而且即使成了美國著名的企業家，他還是經常穿著短衫短褲就去參加董事會議。

　　或許是因為這些相似點，賈伯斯對卡特姆非常重視。

　　而卡特姆也沒讓賈伯斯失望，他領導的團隊儘管充滿了嬉皮的味道，但是這個團隊的戰鬥力卻是世界一流的，從這個團隊研發的軟體就可以看出來。

　　這種軟體實際上就是一種渲染軟體，只不過它的渲染能力要遠遠超出其他軟體。

　　製作一部電腦動畫作品首先要安排好製作空間以及背景。對一個內部場景而言，具體的安排包括室內牆壁的設計、各種家具的形狀及擺放位置。另外還要注意光線及事物的陰影等細節。這種軟體就是為這些設計提供的最基本的工具。

　　當時市場上並不是只有這種軟體渲染工具，但是這種軟體卻在市場占有絕對的優勢。軟體的火爆銷售，為當時資金缺乏的Pixar 公司提供了源源不斷的現金流。

　　看到渲染軟體在市場上的潛力後，賈伯斯毅然決定：「我們要再接再厲，研發並生產這種軟體的升級版軟體！」

　　一九八九年，Pixar 公司先後發布了這種軟體 3.1 和 3.2 版本的軟體。由於這種軟體具有出色的渲染能力，越來越多的傳媒公司接受了這個系列的渲染器。

　　二〇〇二年十二月，Pixar 在這樣的大好形勢下更進一步，發布了 Ren—derMan Ⅱ。

　　RenderMan Ⅱ一經面世，就被業界公認為是一流的電影和影片設計製作軟體。

　　二〇〇四年，Pixar 動畫公司又隆重推出了 RenderMan Pro Server。此軟體是該公司 RenderMan 3D 渲染軟體的升級，捆綁了很多在影片中經常用到的工具。

　　就像 Pixar 的一位高層所言：「所有看過《海底總動員》的人都會驚訝於 Pixar 的動畫師用這種軟體所創造出的神奇效果。

這樣神奇的渲染工具現在每個客戶都能夠使用了。」

事實上，後來軟體參與了很多電影大片的製作，如《玩具總動員》、《賽車總動員》、《哈利波特》系列、《星球大戰》系列，甚至迪士尼公司的經典動畫長片《美女與野獸》、《阿拉丁》等。據統計，到二〇〇四年為止，自一九八〇年代以來獲得奧斯卡最佳視覺效果獎提名的三十九部動畫片中，有三十五部應用了渲染軟體。

這種軟體憑藉其超級強大的渲染效果，已經被 Sony 及其他世界重量級的視覺特效公司認可並使用。

軟體的大量應用，為 Pixar 公司帶來了相當可觀的利潤，但相對於賈伯斯在 Pixar 公司的投資來說，那些利潤就算不上什麼了。據有關數據顯示，Pixar 公司每年因為這種軟體可得到上百萬美元的現金流，與此同時，賈伯斯對該公司的投資已達到了五千萬美元，約占到他個人財富的三分之一。

投入這樣大筆的資金，是賈伯斯在收購該公司時完全沒有想到的。在講到對 Pixar 公司的投資時，賈伯斯這樣說道：「如果一九八六年我知道維持 Pixar 公司的經營需要多少資金，我都懷疑自己是否會購買這家公司。」

史密斯一九九一年離開 Pixar 公司，他在回憶賈伯斯那時對 Pixar 的態度時這樣說道：「如果有人願意出價五千萬美元，賈伯斯會把 Pixar 賣了。」

　　值得慶幸的是，當時並沒有人願意出那樣大的一筆錢來購買 Pixar 公司，不然賈伯斯可能就與動畫電影無緣了。

　　最讓賈伯斯想不到的是，他一直希望 Pixar 公司成為硬體研發公司，但勉強把公司從資金黑洞中拉出來的卻是軟體研發。暫且不管公司的走向如何，賈伯斯知道當務之急就是讓公司擺脫在資金方面的困擾。

　　事實上，賈伯斯一方面想解決資金問題，另一方面他還不肯放棄電腦夢想。

　　矛盾中的賈伯斯找上了迪士尼公司執行長麥可‧艾斯納。與之前的做法相同，賈伯斯也是用電話與艾斯納取得了聯繫。在電話中，賈伯斯不斷地稱讚自己公司生產的電腦是多麼優秀，甚至還自賣自誇地說：「麥可，您知道嗎？ 我感覺，我們的電腦就是為迪士尼公司量身定做的。」

　　最後，賈伯斯向艾斯納提出一個請求：「麥可，我必須去迪士尼公司看一下，並向你展示一下我們公司的電腦。」

　　或許是了解賈伯斯的脾氣，怕賈伯斯每天都打電話給他，艾斯納毫不猶豫地答應了賈伯斯的要求。

　　按照賈伯斯與艾斯納約定的時間，這天早上，賈伯斯帶著兩台電腦來到迪士尼公司。這兩台電腦分別是 NeXT 的黑白電腦和 Pixar 的彩色顯示電腦。賈伯斯知道以迪士尼公司的實力，絕對能夠讓自己的兩家公司都起死回生，於是在來之前，賈伯斯做

好了充分的準備。

賈伯斯的長處之一就是善於演講和說服別人，在迪士尼公司的演講由於事先做過準備，所以非常精彩。

賈伯斯先是給迪士尼公司高層展示了 NeXT 電腦，與此同時，賈伯斯激情洋溢地說道：「NeXT 公司的電腦是市場上技術最先進的電腦，而迪士尼公司是世界上最偉大的公司，所以，迪士尼公司應該購買 NeXT 公司的電腦，以此站在電腦變革的最前沿。NeXT 公司所做的努力也是針對這場偉大的變革。」

緊接著，賈伯斯在大力誇讚自己的電腦的同時，也大大讚揚了迪士尼公司一番。

是人就愛聽好話，這一點對於迪士尼公司的高層來講也不例外，再加上賈伯斯富有煽動性的言語，迪士尼公司高層當場就表現出了極大的興趣。

迪士尼公司的第二號人物卡森伯格在賈伯斯介紹完 NeXT 電腦之後，激動地站起來說道：「這宗買賣敲定了，像這樣的電腦我們可能要買一千台。」

賈伯斯當場聽到這樣的承諾，他在接下來的演講中更有信心了。針對迪士尼公司在動畫片市場的絕對權威地位，賈伯斯在宣傳 Pixar 電腦時，誇張地稱 Pixar 電腦是「引領動畫片發生變革的媒介」，並信誓旦旦地說：「最終，製作動畫將成為每個人都能涉足的領域。」

　　然而賈伯斯沒有想到，這句話卻徹底激怒了迪士尼公司的高層。試想，如果每個人都能輕易涉足動畫領域，那麼迪士尼公司的權威地位又怎能保持呢？

　　可惜賈伯斯沒看到台下卡森伯格的臉色已經越來越不對，仍然起勁地演講著。

　　坐不住的卡森伯格突然站起來打斷了賈伯斯的演講，為了表示自己的憤怒，卡森伯格用一種近乎冷酷的口吻說道：「如果有人要和我的女兒約會，我的手裡會準備一支槍。而假如有人要占有我的動畫，我會讓他徹底完蛋。」

　　這時，賈伯斯才明確感受到了卡森伯格的怒氣。為了顧全大局，賈伯斯並沒有就此發表什麼看法，而是冷靜地將演講作完了。

　　雖然經過了這一小段不太愉快的插曲，但最後，迪士尼公司還是訂購了一千台 NeXT 公司的黑白電腦，至於 Pixar 電腦則一台也沒有購買。

　　賈伯斯的強硬個性在這時又膨脹起來，在這筆生意後，他決定要讓自己的預言成為現實，讓卡森伯格看到動畫領域並不是只有迪士尼公司才可以涉足。正是因為這種不服氣的性格，賈伯斯才不惜賣房賣車換取資金去投入動畫製作的。

　　功夫不負有心人，後來，迪士尼公司也沒有想到，這個年

輕人會在短短幾年裡在動畫電影界掀起一股難以抵抗的浪潮。在這場賈伯斯引領的動畫電影革命中，迪士尼公司不得不重新審視 Pixar 公司在動畫方面的作為。

好萊塢的知名人物

正如賈伯斯所期盼的那樣，《玩具總動員》的上映讓他再次回到了風光的舞台中央。

實際上，賈伯斯是在《玩具總動員》已經開始製作之後才涉入 Pixar 公司日常管理的。雖然在這之前，賈伯斯就一直是公司最大的股東，但是他不管理這個公司，由卡特姆擔任公司董事會主席以及總裁的職位。

在看到《玩具總動員》的票房叫座後，賈伯斯就從卡特姆手裡接過了總裁職務，進入公司管理公司事務。

《玩具總動員》的橫空出世不僅在市場上大獲成功，也讓賈伯斯充分認識到發展動畫電影的巨大利潤。為了以後能在動畫電影的行業裡更快更好地發展，賈伯斯在一九九五年就開始著手公司上市的準備工作了。

按照上市的步驟，準備上市的公司必須經過審核。

這一天，一大群律師和審計人員來到公司，他們的目的就是為美國證券交易委員會收集詳細的財務資料。

　　然而令他們驚訝的是，公司作為一家合法經營的企業，竟然沒有財務部！

　　原來，賈伯斯為了減少公司的開支，削減了整個財務部門，只留下一名財務部員工，而這位員工還不是正式的會計師。這位員工雖然一直想要把公司的幾本資料輸入到電腦中，但遺憾的是他根本不會使用電腦。

　　這也就是說，從一九九一年至一九九五年間，公司的財務狀況一直是混亂的。而且他們還聽說，多年來，公司一直都是使用臨時性的「家用支票本」來經營運轉。

　　最讓審計人員感到驚訝的是，賈伯斯竟然想要用這樣混亂的公司去申請發行出售六百萬股股票。在審計人員看起來這是難以令人置信的事情。

　　但這一切在賈伯斯看來卻是很正常的。賈伯斯崇尚的管理之道一直都是右腦管理，即激發創意人才的潛力。這一點從外界對蘋果公司的評價就可看出。在賈伯斯還執掌蘋果公司時，外界都稱蘋果公司是最有創意的公司，但同時也是管理最差的公司。

　　這就像斯卡利對賈伯斯的評價：「賈伯斯根本不懂經營和管理，但卻常常隨意干涉公司的決策經營。」

　　賈伯斯強調設計，強調個人消費電子，但是卻從不注重管理，這也是公司財務狀況之所以混亂的根本原因。

　　幸好沒有基本的財務規範，對公司上市的影響並不大，

一九九五年年底公司成功上市並出售了六百九十萬股股票。上市
為公司融到了大量的資金。

　　在上市前，賈伯斯擁有的股票占發行在外的股票總數的百
分之九十五點六。首次公開發行結束後，賈伯斯的三千萬股股票
的帳面價值高達十一點七億美元，超過了他在蘋果公司總部時所
擁有的股票峰值。

　　有了堅實的資金後盾以及《玩具總動員》的成功經驗，賈伯
斯在動畫電影方面更加大膽，也更加有底氣了。經過談判，賈伯
斯很快就與迪士尼公司簽訂了五部動畫片的合作協議。

　　之前簽訂《玩具總動員》合作協議時，由於公司急需迪士尼
公司方面的資金，所以在利潤的爭取上，賈伯斯幾乎沒有什麼周
旋的餘地。但這次協議的簽訂就不一樣了。公司已經擺脫了資金
方面的困擾，擁有了與迪士尼公司平起平坐的底氣。

　　這次的協議中規定，公司可以與迪士尼公司對利潤進行平
分，而且還擁有相同的權利對商業廣告和片頭廣告進行收費。這
樣的情況是迪士尼公司沒有想到的。

　　因為擔心失去約翰‧拉薩特這樣的動畫製作方面的人才，迪
士尼公司最終還是同意了這樣的一份協議。

　　公司之所以能夠爭取到公平的權益，除了公司自身實力的
提高外，賈伯斯出色的談判能力在談判中也造成了極其重要的作
用。卡特姆坦白地說道：「需要有史蒂夫這樣地位的重要人物才

能讓我們與迪士尼公司進行平等交易。」

公司前行銷執行主管帕梅拉·開爾文也大大肯定了賈伯斯在這次交易中的作用：「他有頭腦、能力和厚臉皮保護公司的利益。他使公司能與迪士尼公司進行平等談判。」

協議簽訂後，公司就開始動手製作動畫電影了。一九九八年，《蟲蟲危機》誕生了，並於十一月二十五日在美國發行。

該影片發行後，好評如潮，五天內的票房收入就刷新紀錄，達到四千六百一十萬美元，打破了迪士尼公司《101忠狗》在一九九六年感恩節週末創造的四千五百萬美元的紀錄。

這次的成功讓賈伯斯更是壯志滿懷：「我認為，公司有機會成為下一個迪士尼公司，不是替代迪士尼公司，而是下一個迪士尼公司。」

公司能否成為下一個迪士尼公司，人們還不能肯定，但大家能看到的事實就是公司之後的幾部動畫影片的確都取得了很好的票房成績。

《玩具總動員Ⅱ》在一九九九年的感恩節發行，美國國內票房達二點四五億美元，全球票房四點八三億美元。《玩具總動員Ⅱ》是《玩具總動員》的續集，也是第一部續集票房收入超過原版票房的動畫片。Pixar公司和迪士尼公司最初的計劃是將《玩具總動員Ⅱ》作為錄影製品發行，但是後來經過商議還是決定在電影院發行，這才有了令人眼紅的票房成績。

　　二○○一年十一月二日，公司製作的《怪物公司》發行，立即取得了不俗的票房成績，該影片後來成了有史以來票房收入居第二位的動畫影片。

　　二○○三年五月三十日，公司發行《海底總動員》，它的票房收入創造了動畫影片的最高紀錄。這時公司的收入已經突破二十五億美元，這使它成了有史以來最成功的電影製作公司。

　　面對著動畫影片這樣巨大的成功，賈伯斯開始向迪士尼公司提出重新修改協議的要求，他希望公司能夠獲得更多的利潤。

　　按照之前的協議，公司與迪士尼公司是平分動畫製作成本和利潤的，而額外的電影發行費用為迪士尼公司所有。賈伯斯提出在新合約中獨享動畫片的發行利潤，只給予迪士尼公司約百分之十的發行費用。

　　同時，賈伯斯還要求迪士尼公司在電影發行五年後將發行權交還給公司。如果迪士尼公司同意簽署這份新合約的話，那麼迪士尼公司就等於成了公司的發行網路，利潤也會大大減少。

　　這樣「吃虧」的合約，迪士尼公司方面當然不會同意。

　　遭到拒絕的賈伯斯很不甘心。在他看來，動畫製作方面都是公司在操作，理應由公司收取更多的利潤。賈伯斯在媒體面前這樣說道：「並不是迪士尼公司的宣傳和牌子令動畫電影獲得成功。我們與迪士尼公司的合作僅限於在電影的市場發行方面，而不是在電影的製作方面。」

之後，賈伯斯更是多次在媒體前公開抨擊迪士尼公司。

因為雙方態度都十分堅決，二〇〇四年一月，迪士尼公司和 Pixar 公司的談判還是終止了。

一波未平一波又起，Pixar 公司與迪士尼之間的問題還沒有解決，迪士尼內部管理層又出現了問題，先是原迪士尼公司副董事長羅伊‧迪士尼辭職，接著勞勃‧艾格接替艾斯納成為迪士尼公司新一任執行長。

艾格上任後，Pixar 公司與迪士尼公司之間的談判重新開始。在艾格的努力下，迪士尼公司董事會決定收購 Pixar 公司。

二〇〇六年一月二十四日，迪士尼公司宣布以七十四億美元的價格收購動畫公司，按照 2.3 ： 1 的比例換購 Pixar 公司的股票。交易完成後，賈伯斯在迪士尼公司持股百分之七左右，並以最大個人股東身分加入迪士尼公司董事會。

至此，Pixar 公司和迪士尼公司的矛盾得到了徹底解決。

Pixar 公司與迪士尼公司之間的問題並沒有影響到動畫電影的製作和發行，二〇〇四年十一月五日，《超人總動員》在北美上映，三週內累計票房高達二點一五億美元，與《海底總動員》持平，成為二〇〇四年最成功的電影之一。

《超人總動員》在國際上的票房更是喜人，三天累計票房高達四千五百萬美元，一舉創造了迪士尼公司歷史上週末國際票房的新紀錄。

二〇〇六年六月，Pixar 公司發行《汽車總動員》，影片上映十天，累計票房為一點一四五億美元。

至此，Pixar 公司與迪士尼公司簽訂的五部動畫片全部上市了。

影片能取得這樣輝煌的票房成績，與賈伯斯重視人才有極大關係。他不止一次地公開承認公司最好的資產就是員工。賈伯斯曾在《財富》雜誌的記者面前說過這樣的話：

蘋果公司有十分出色的員工，但是公司是我所見過的才華出眾的人才最為集中的公司。

為了保有這些最好資產，賈伯斯總是盡力提拔並留住這些員工。二〇〇一年一月二十四日，賈伯斯再次任命合作創始人和首席技術官卡特姆為公司總裁。兩個月後，公司與執行副總裁及兩次奧斯卡獎得主拉薩特導演簽訂了為期十年的排他合作合約。

賈伯斯知道自己在管理方面的缺陷，因此在對公司的管理上，他總是以最低程度去干涉公司的經營，更多的是交給其他員工。

對此，卡特姆曾正面談過這個問題，他說：「在蘋果公司，史蒂夫是驅動一切的人物，他參與公司的經營非常深入，可能他是唯一能玩轉蘋果公司的人。但是，在 Pixar 公司，他不是電影製作人，他也沒有嘗試成為電影製作人。他沒有參與公司的經營和事必躬親，因為他意識到其他人有他所不具備的完全不同的技

能，因此他讓他們管理和經營公司。」

有一位編輯公正地評價了賈伯斯：「賈伯斯最少介入的公司卻讓他積累了最多的財富。」

賈伯斯恐怕也沒有想到公司能為他帶來那麼多的財富和榮耀吧！憑藉著公司的成功，賈伯斯獲得了好萊塢大人物應有的地位和尊重。《玩具總動員》等一系列動畫電影的成功，不僅使拉薩特成為與史蒂芬史匹柏、詹姆斯‧卡麥隆等並稱的好萊塢最會賺錢的十大導演之一，也讓賈伯斯成了與盧卡斯齊名的好萊塢名人。

賈伯斯在面對媒體時自豪地說：「我被趕出蘋果公司時沒有察覺，但是事後證明，被蘋果公司開除是我這輩子發生的最棒的事情。因為，作為一個成功者的快樂感覺被作為一個創業者的輕鬆感覺重新代替，對任何事情都不那麼特別看重，這讓我覺得如此自由，我進入了生命中最具有創造力的一個階段。」

在提到電腦與動畫之間的差別時，賈伯斯鄭重地說道：「最大的一點差別就是二十年前我們努力在電腦業務做的一切，現在都要放棄。現在沒有人再使用 Apple II。幾年前，重新發行《白雪公主》時，我們就是數千萬去觀看的家庭中的一員。電影已有六十年歷史，我的兒子也喜歡它。我想六十年後，人們將會喜歡《蟲蟲危機》。但我對六十年後有人會擊敗『Mac』一點也不懷疑。」

　　由此可見，Pixar 公司給賈伯斯帶來了多大的成就感；賈伯斯對動畫電影的喜愛也由此可見一斑。

　　這時候的賈伯斯已經徹底擺脫了之前的困窘和失敗，他成了舞台中央光芒萬丈的主角。

重回「蘋果」

　　創新無極限！ 只要敢想，沒有什麼不可能，
立即跳出思維的框框吧，如果你正處於一個上升
的朝陽行業。

—— 賈伯斯

擔任特別顧問

二十世紀的最後幾年，隨著《玩具總動員》等一系列動畫電影的成功，不僅使拉薩特成為與史蒂芬史匹柏、詹姆斯·卡麥隆等並稱的好萊塢最會賺錢的十大導演之一，也讓賈伯斯成了與盧卡斯齊名的好萊塢名人。

這時候的賈伯斯已經徹底擺脫了之前的困窘和失敗，幾乎沒有人會想到，如今功成名就的賈伯斯會再次回到江河日下的蘋果公司，然而現實就是這樣的妙不可言。

這時候的賈伯斯，已經不再是那個被自己創辦的公司踢出家門的人了，他的 NeXT 在軟體系統方面獲得了巨大的成功，而且他本人也從一個 IT 精英成為了影響娛樂行業的大人物。

他創辦的 Pixar 公司利用電腦製作了一部《玩具總動員》，而這部電影的橫空出世不僅在市場上大獲成功，而且也給傳統動畫影片帶來了革命性的影響。接下來，《海底總動員》、《超人總動員》等一系列的動畫電影也都相繼受到了人們的追捧。

賈伯斯此時似乎早已經擺脫了從蘋果公司被迫離職的痛苦，他說：

我被趕出蘋果公司時沒有覺察，但是事後證明，被蘋果公司開除是我這輩子發生的最棒的事情。

但事實上，他一直沒有忘卻蘋果公司，一直夢想著有一天

可以「衣錦還鄉」。

相比賈伯斯在 Pixar 公司的成功，蘋果公司的發展卻遇到了重重困難，舉步維艱。產品上缺乏創新、技術上的落後以及連年的虧損讓蘋果公司已經走到了死神的身邊。

這段時間，蘋果公司已經連續換了三代領導人，斯卡利所倡導的「牛頓」項目不但沒有為蘋果公司帶來巨大收益，反而讓蘋果公司耗光了自己的財力，他也只好引咎辭職。後來的總裁米歇爾·斯賓德勒在經過一系列沒有效果的動作之後也離開了蘋果公司，一九九六年，他將蘋果公司執行長的接力棒傳給了吉爾·阿梅里奧。

吉爾·阿梅里奧是一位理學博士，不可否認，他是一位出色的商業管理人才，但他奉行的高度集權的、傳統的、命令式的管理風格與蘋果公司內部的輕鬆、叛逆氛圍格格不入，他讓蘋果公司的員工更加無所適從。

雖然賈伯斯早已離開了蘋果公司，但他多年來所打造的「異樣」的蘋果公司模式和企業文化卻始終沒有改變。在蘋果公司，阿梅里奧可以發號施令，但卻很難推動執行。

雖然阿梅里奧有很強的管理能力，但是在這樣的企業氛圍中，他感到寸步難行。正如他所說的那樣：「當我走進蘋果公司時，就面臨五個重大危險：我們的現金低到了警戒線；產品品質差；下一代產品開發混亂；蘋果公司這樣一種以敵對而著名的企

業文化幾乎不可能進行管理；公司開發產品沒有重點。」

有一次，阿梅里奧決定以五百萬美元的代價在湯姆·漢克斯主演的《碟中諜》中進行「Mac」電腦的行銷，可是卻遭到了廣告部主管的反對。如果是在其他的公司，阿梅里奧完全可以命令員工依令行事，但是在蘋果公司，中層管理人員經常會拒絕執行高層主管的決策。

阿梅里奧對此痛苦地表示：「多年來，員工已經學會把執行長視為外出演講的人，自己來營運公司。」

禍不單行，正在管理方面發愁的阿梅里奧又遇到了嚴重的產品品質問題。當時一位日本用戶在購買了 PowerMac 電腦後，遇到了螢幕爆炸的問題，並因此導致家中房屋被燒毀。

出現了如此嚴重的品質問題，迫使阿梅里奧不得不宣布大規模召回 PowerMac5300 電腦。

事後，阿梅里奧為了嚴防品質問題再次出現，試圖在設計與製作流程中重新強化品質管理，但卻遭到了蘋果公司工程師們的一致抵制，他們認為自己做的是創意工作，不需要流程管理。

雖然遇到了這樣的阻礙，但阿梅里奧決定不再妥協，他成立了「蘋果公司可靠性及品質擔保部門」，並採取了一系列的強硬措施，狠抓品質問題，並砍掉了很多生產線。

為節儉開支，阿梅里奧開始大規模裁員，最終裁去了百分之十五的蘋果公司員工。他還要求對故意降低公司帳面價值的現

象進行大額罰款，並強硬地要求整改。

　　儘管透過這些強硬措施，蘋果公司的赤字有所減少，但依然無法改變蘋果公司產品在市場上的銷售持續下滑的局勢。為此，阿梅里奧決定打開一片新的天地，他打算讓軟體開發者開發一款新一代的電腦操作系統，並希望能藉助新軟體系統讓蘋果公司渡過難關。

　　但是，阿梅里奧卻一直沒有在蘋果公司內部找到能夠帶領工程師們研發新一代軟體系統的領導人。於是阿梅里奧放棄了由蘋果公司內部人員開發完美系統的想法，他決定向外界尋求合作。

　　隨後，阿梅里奧宣布蘋果公司想與其他公司合作開發新一代軟體系統的消息。雖然蘋果公司的近況並不樂觀，但俗話說「瘦死的駱駝比馬大」，蘋果公司依然擁有強大的實力。所以當蘋果公司宣布這一消息後時，很多公司都加入了這次操作系統的競爭大戰。

　　在這些公司中，甚至包括微軟公司，比爾·蓋茲非常希望能夠和蘋果公司合作，因為他希望透過與蘋果公司合作的契機，名正言順地「剽竊」蘋果公司的使用者介面設計技術。而且阿梅里奧也曾經向比爾·蓋茲透露，如果微軟提供給蘋果公司優秀的軟體系統，蘋果公司也會給微軟提供同樣優秀的其他東西。

　　因此，比爾·蓋茲對於與蘋果公司的合作顯得異常熱情，他

天天打電話給阿梅里奧，甚至向阿梅里奧保證：「為了盡快研發出新一代的蘋果系統，我們將有數百人參加到研發中。」

面對比爾·蓋茲的殷勤，阿梅里奧並沒有被興奮沖昏頭腦，他十分明白比爾·蓋茲的主要目的。

不過，雖然比爾·蓋茲的來意不善，但阿梅里奧也深知，如果蘋果公司與微軟公司合作，他們也能從中獲利不少，他陷入了矛盾之中。

最終，阿梅里奧經過再三考慮後，還是拒絕了和比爾·蓋茲簽署任何協議，因為微軟公司與蘋果公司積怨很深，如果他選擇與比爾·蓋茲合作，那些忠於蘋果公司的人、蘋果公司的員工、蘋果公司的股民都會認為他是蘋果公司的「叛徒」。

既然不能和微軟公司合作，蘋果公司又將目光轉向了創意公司。

創意公司的老闆不是別人，正是賈伯斯恨透的一個人——加塞。雖然加塞當初出賣了賈伯斯，「投奔」了斯卡利，但後來因為與斯卡利之間的矛盾，也已經離開了蘋果公司。他利用蘋果公司償付的一百七十萬美元違約金，創辦了一家名為 Be Inc 的公司，並研發出一款 BeOS 軟體系統。

阿梅里奧認為 BeOS 軟體系統的確很優秀，而加塞也自稱他的軟體是蘋果公司最好的技術解決方案，於是兩家公司很快進入到親切會面的階段。

　　阿梅里奧與加塞開門見山，直接詢問價格方面的問題：「說吧，加塞，作為蘋果公司的老員工，你想要什麼價格？」

　　加塞「爽快」地回答道：「錢對於我來說不是主要的，我並不在乎價格。」雖然他一再強調自己看重的不是錢，但接下來，加塞還是提出了二點七五億美元的收購價格。

　　當時，蘋果公司和創意公司合作的話題在美國所有媒體上傳得沸沸揚揚，眼看著加塞就要回歸蘋果公司了，這時候最著急的莫過於賈伯斯。

　　在賈伯斯看來，如果不是因為加塞出賣了他，他也不會被斯卡利趕出家門，所以無論如何，他也不能忍受自己最憎恨的人回歸蘋果公司。如果加塞回到蘋果公司，這無疑是在他的傷口上撒鹽，於是他決定阻止阿梅里奧的收購行動。

　　賈伯斯當然很清楚，阻止阿梅里奧最好的辦法就是讓 NeXT 來頂替加塞的公司，為蘋果公司開發新一代的操作系統。而且這樣，他不僅可以報復加塞，還可以讓自己重返蘋果公司。

　　賈伯斯想到這裡，於是迫不及待地和阿梅里奧取得了聯繫，他相信蘋果公司對 NeXT 的軟體系統一定會感興趣。

　　很快，賈伯斯就與阿梅里奧進行了會面，他為蘋果公司分析了加塞公司所提供的軟體的弊端。賈伯斯充分發揮了自己的口才，他甚至用煽動性的口氣對阿梅里奧說：「吉爾，作為蘋果公司最初的創始人，我從蘋果公司的切身利益出發，如果蘋果公司

購買創意軟體公司，就意味著一場災難的開始。」

　　隨後，賈伯斯又向阿梅里奧丟出了巨大的誘惑，他說：「如果你認為我的 NeXT 能為蘋果公司做點什麼的話，我會考慮任何可行的協議──採用 NeXT 的操作系統，甚至把 NeXT 賣給你們，總之是你們想要的一切。」

　　最後，賈伯斯還向阿梅里奧強調：「蘋果公司需要我的公司，不僅僅是軟體，你們肯定會想購買我的整個公司，僱用我的員工。」

　　這場會談，讓阿梅里奧心中的天平偏向了賈伯斯的 NeXT。首先因為 NeXT 研發的操作系統是當時市場上最先進的操作系統，雖然價格比較昂貴，但是依然很有吸引力；其次，賈伯斯提出的價格也非常誘人，不僅可以以每股十二美元購買 NeXT 公司的股票，而且和賈伯斯合作，蘋果公司會得到一個已經開發出來的優秀操作系統以及大約三百名電腦人才，此外還有每年大約五千萬美元的額外利潤。

　　阿梅里奧向蘋果公司管理層說：「如果同加塞合作的話，這一切都是蘋果公司不能得到的，而這些都是非常值錢的。」

　　所以，對於蘋果公司來講，選擇與 NeXT 合作的確不是一件壞事。重要的是，在回歸蘋果公司的問題上，賈伯斯顯然比加塞更不在乎自己公司的價值。因為當時阿梅里奧對賈伯斯說：「我想我們公司的董事會肯定會接受每股十美元的價格，在這個數額

的基礎上你想再增加一分錢都不可能。」而賈伯斯聽了之後，他甚至連想都沒想就同意了。

由此可以看出，在賈伯斯的心中，公司的價格是無足輕重的，重要的是讓他重返夢想中的蘋果公司。賈伯斯也只不過是想憑藉 NeXT「回家」罷了。

對於這兩個都渴望「回家」的「孩子」，阿梅里奧表現得還是相當慎重的，於是蘋果公司決定，在董事會上以投票的方式決定對賈伯斯和加塞回歸的取捨。

最後，賈伯斯以一百八十四分對一百四十六分擊敗了加塞。阿梅里奧後來說道：「所有的一切都對史蒂夫·賈伯斯和他的 NeXT 有利，加塞根本不是一個同等水準的競爭者。主管們投票給 NeXT 可以說是一個可以預知的結果。」

最終，蘋果公司董事會決定以三點七七五億美元現金，再加上蘋果公司一百五十萬股股票收購 NeXT。

事實證明，儘管併購 NeXT 比收購創意多花了一億美元，但這一切都是值得的，因為賈伯斯的回歸對蘋果公司後來的發展起著至關重要的作用。

當時，全球各大報刊幾乎都在頭版刊出了「蘋果公司以四億美元收購 NeXT，賈伯斯重回蘋果公司」的新聞，賈伯斯和蘋果公司再一次站在了風口浪尖上。

剛剛回到蘋果公司的賈伯斯被任命為蘋果公司的「特別顧

問」，但他的目標遠非如此。

　　當初把賈伯斯踢出的蘋果公司再次把他請到了蘋果公司的舞台上，這讓賈伯斯內心感到由衷的滿足和釋然。時隔十年，賈伯斯已然成熟了許多，雖然他還會穿著褲衩背心去參加董事會議，雖然他仍然對經營管理不屑一顧，雖然他對員工還是那樣苛刻，但是，此時的賈伯斯已經懂得如何彌補自己在管理上的缺陷和性格上的偏執，因為他要實現自己的願望，帶著自己創辦的蘋果公司走向夢想中的殿堂。

打贏回歸第一仗

　　賈伯斯終於回到了夢想已久的蘋果公司，「回家」後的賈伯斯，已經不再是十年前的那個年輕人了，十年的磨煉讓賈伯斯成熟了許多，此時的賈伯斯已經重燃了二十年前的創業激情，就算沒有蘋果公司，他也是一位創業英雄。

　　所以，當賈伯斯以「王者歸來」的架勢又回到蘋果公司後，他要做的就是早日指引蘋果公司的發展方向，把他開創的蘋果公司從災難中拯救出來。

　　很快，機遇再次降臨到了賈伯斯身上。

　　一九九七年，吉爾·阿梅里奧辭去蘋果公司 CEO 和董事會主席的職位，賈伯斯「順理成章」地成為了蘋果公司的臨時 CEO。好不容易坐上了這個職位，或許這是天意，賈伯斯自然

不會輕易錯過這麼好的機會。

　　雖然賈伯斯這時野心再度被點燃，但是在面子上，他表現得還是很謙虛的。他說：「我同意參與蘋果公司的經營最多九十天，幫助他們直至找到新的 CEO。我同意成為董事會成員，這點我能做得到。」

　　但事實上，大家都很清楚，只要賈伯斯在董事會任職，蘋果公司就很難找到新的 CEO，因為他會千方百計地擠兌新 CEO。對賈伯斯而言，沒有任何人可以再次搶走他在蘋果公司的地位和權力。

　　出任蘋果公司臨時 CEO 後，賈伯斯就開始謀劃著鞏固自己的地位和權力。事實證明，賈伯斯的確做到了！

　　首先，賈伯斯在聲勢方面做了充足的準備。他在一九九七年九月二十六日的董事會上宣布蘋果公司第三季末虧損了一點六一億美元，公司收入下跌百分之二十八，他甚至宣稱蘋果公司時刻面臨著倒閉的危險。賈伯斯發布這樣聳人聽聞的言論無非是要為接下來他的行為做鋪墊，這是他的策略，也是目的。他要讓所有人知道，只有他賈伯斯才能使蘋果公司轉虧為盈。

　　賈伯斯的「擾亂人心」戰術收到了他預期的效果，他順理成章地成功地「奪回」了權力。

　　賈伯斯回到蘋果公司，尤其是坐上了 CEO 的位置後，就開始重建他在創建蘋果公司時建立的核心價值觀，他為蘋果公司定

下了明確且與其他公司有所不同的目標。在工作中，他始終堅持將創新和設計放在重要的位置，在他看來，蘋果公司電腦設計出來就應該是一件藝術品。但是此時的他經過十年的市場磨礪，已經懂得了一切創新和設計都是要面對市場的檢驗的。

一九九八年，蘋果公司在賈伯斯的帶領下推出了「豔驚四座」的 iMac 電腦。iMac 電腦一經面市，就因為它與眾不同的外形、簡單方便的操作以及低廉的價格受到了廣大消費者的擁護。

雖然賈伯斯對軟體還是一竅不通，但這並不妨礙他在 iMac 電腦的設計過程中作出突出貢獻。蘋果公司 iMac 電腦的設計師強納生‧艾夫就曾這樣評價賈伯斯的設計思想：「從一開始，賈伯斯便主導著產品的設計方向。賈伯斯對於產品該有什麼樣的特性，有著非常清楚的概念，不管是功能性，還是價格和市場，在各個方面都是如此，甚至於就設計方面來說，他對於產品應有的外觀，也有自己的見地。」

賈伯斯的設計才能首先充分展現在了 iMac 電腦的外形設計上。在設計 iMac 電腦的時候，賈伯斯為了讓它看上去更加多姿多彩和與眾不同，他甚至親自帶領設計團隊進入糖果工廠，向糖果公司的包裝專家討教如何製作漂亮的軟糖。

iMac 電腦的出現，無疑又一次重新定義了電腦的外形，讓所有人都眼前一亮，而這正是賈伯斯所追求的。正是在賈伯斯的

努力下，人們才終於見識到像糖果般漂亮的電腦，用賈伯斯自己的話來說：「iMac 電腦就是一款讓你想舔它的電腦。」

其次，賈伯斯在設計 iMac 電腦的時候，再次將他的「完美主義」發揮到了極致。

當賈伯斯看到太陽微系統公司和 IBM 推廣的網路電腦相繼失敗後，賈伯斯改變了原來的計劃，他堅持 iMac 電腦的機殼要一體成型。可是依靠當時的技術要製作出一體成型的產品是非常困難的。

對於賈伯斯這樣一個不喜歡認輸的人而言，沒有什麼是不可能的，他堅信自己的團隊可以做到，他的 iMac 電腦可以做到。他甚至挑釁地說：「我知道我要什麼，我知道他們要什麼。」

最終，在賈伯斯的帶領下，iMac 電腦真的實現了一體成型的目標。這種新機型擁有流線型半透明的塑膠機身和明亮的顏色，無論從哪個角度來看，iMac 電腦都令人嘆為觀止。

如果說賈伯斯回到蘋果公司後有什麼改變，可能最大的改變就是學會傾聽他人的意見了。

在 iMac 電腦的配置設計中，賈伯斯依然大膽地創新著。在賈伯斯看來，電腦傳送訊息和數據完全可以透過互聯網或者電子郵件，沒必要用磁片儲存訊息。所以在設計 iMac 電腦的時候，他要求只在機殼裡面安裝一個 CD 儲存驅動器。

對此，賈伯斯並不是如以前那樣一意孤行，而是詢問了研

發組專家的意見。很多專家也認為，磁片早已落伍，可以不再需要了。於是經過慎重決策，iMac 電腦沒有安裝磁片驅動器。

可以說，正是由於賈伯斯準確把握了電腦行業的發展趨勢和大膽創新，才使 iMac 變得如此出色，如此完美。

在賈伯斯的領導下，蘋果公司終於推出了眾望所歸的 iMac 電腦。iMac 電腦不僅擁有獨特、炫目的外觀，而且裝配完整，操作簡單，可以聯機上網。最重要的是，iMac 電腦價格也不貴，每台售價僅為一千兩百九十九美元。

對於這樣一台優秀的電腦，賈伯斯曾經讚賞道：「我們設計的 iMac 電腦提供給了消費者最為關心的功能——讓人振奮的互聯網功能和『Mac』的簡潔，價格才一千兩百九十九美元。」

而對於 iMac 電腦的市場前景，賈伯斯更是放言：「蘋果公司又要重新盈利了！蘋果公司將重新成為電腦的主角！」

蘋果公司推出的 iMac 電腦是一台以上網為主要用途的「Mac」機型，iMac 電腦配有一個十五英吋的彩色螢幕、兩個揚聲器以及一台光碟機。它的外形很具吸引力，整體被設計成圓弧造型而且一體成型，半透明藍色塑膠外殼，完全打破了 PC 機一成不變的灰白色外殼的傳統。

iMac 電腦所具備的這一切，使得 iMac 迅速成為流行時尚的代名詞。用賈伯斯自己的話來說：「iMac 是屬於明年的電腦，能賣一千兩百九十九美元。它不是去年的電腦，只賣九百九十九

美元。」

　　如賈伯斯所預言的，iMac 電腦在市場上一炮打響，很快就成了人人追捧的電腦。在 iMac 電腦的銷售過程中，賈伯斯還創造性地將笛卡爾的名言「我思故我在」變成了 iMac 的廣告語「Think There For iMac ！」

　　在一九九八年六月十五日至七月底的六週內，蘋果公司總計賣出了二十七點八萬台 iMac 電腦。一年多一點的時間，蘋果公司就銷售出了兩百萬台。在短短的三年時間內，蘋果公司就賣出了五百萬台 iMac 電腦。據有關資料顯示，在 iMac 電腦推出之後的前一百三十九天裡，平均每十五秒鐘就賣出一台 iMac 電腦。

　　塑膠外殼包裝、極具個性化的 iMac 電腦重新點燃了蘋果公司擁護者們的希望，它成了當年最熱門的 IT 話題。一九九八年十二月，iMac 電腦榮獲《時代》雜誌「一九九八年最佳電腦」稱號，並名列「一九九八年度全球十大工業設計」第三名。

　　憑著 iMac 電腦的成功，蘋果公司順利渡過難關，一九九八年就盈利三點零九億美元；至一九九九年一月，賈伯斯宣布去年第四季盈利一點五二億美元，這個數據讓所有的蘋果公司員工都感到無比的自豪，因為這是蘋果公司三年來首次獲利。

　　此外，由於蘋果公司的盈利超過了華爾街預測的百分之三十八，因此蘋果公司的股價開始迅速攀高，從一九九七年的每

股十三美元迅速上升至每股超過四十六點五美元。

賈伯斯再一次向世界證明，少了賈伯斯蘋果公司可能已經不存在了。所有這些都證明了賈伯斯產品策略的成功。他說自己不在乎市場占有率，因為他所在乎的東西都在市場上為他掙足了面子。

在賈伯斯的領導下，蘋果公司乘勝追擊，此後不斷推出新產品。

一九九九年，蘋果公司又推出了被媒體稱為是「蘋果公司五彩糖」的第二代 iMac 電腦，它有著紅、黃、藍、綠、紫五種水果顏色。極具創意的 iMac 電腦二代一面市就受到了消費者的熱烈歡迎。

就像《快品牌》所評論的：

蘋果公司的產品絕對是所有行銷者的夢魘，在蘋果公司面前，一切創新、創意、明星產品都黯然失色。

同年，蘋果公司還研發了 iBook 筆記型電腦。這款價格低廉的筆記型電腦，擁有和 iMac 電腦相同的五種顏色，造型也十分漂亮，人們稱它為「可移動的 iMac 電腦」。

一九九九年十月，iBook 筆記型電腦獲得「美國消費類筆記型電腦」市場第一名，還在《時代》雜誌舉行的「一九九九年度世界之最」評選中榮獲「年度最佳設計獎」。二○○○年，iBook 筆記型電腦已經成為美國最暢銷的筆記型電腦。在新聞發

布會上，賈伯斯興奮地拿著筆記型電腦展示給記者們看。

接著，蘋果公司電腦在 PC 市場上的占有率也從原來的百分之五增加至百分之十，而二〇〇〇年蘋果公司的收入也達到了六十一億美元。

賈伯斯除了使蘋果公司在硬體市場上大獲成功外，他在操作系統軟體研發方面也始終沒有放鬆。

一九九八年第三季蘋果公司推出了 Mac OS8.5；同年十月二十二日發布了 Mac OS9；至二〇〇一年一月五日，賈伯斯在舊金山舉辦的 Macworld Expo 大會上，他又向公眾展示並發布了 Mac OS X，這個系統具有透明的淺綠色用戶介面、嶄新的 Dock 和經過修訂的 Finder。

就像《財富》雜誌的評價：

賈伯斯將真正的賭注押在了 Mac OS X 系統上，這是一款依靠 NeXT 的成功而開發出的新型操作系統，經過近一千名電腦人才的苦戰才研發出來，它簡直就是保時捷汽車與「艾布拉姆斯」主戰坦克的混合。

Mac OS X 操作系統帶有漂亮的圖畫圖案以及大量建立在工業級代碼基礎上的有用的新奇功能，它使得應用程式的編寫過程更加簡單，程式運作更加穩定，與錄影機以及其他消費產品的連接使用也更加簡捷。

賈伯斯對媒體自豪地說：「Mac OS X 是自一九八四年推出

『Mac』操作系統之後，蘋果公司推出的最重要的軟體。消費者將對 Mac OS X 的簡潔欣喜不已，並對它的專業感到吃驚。」

在短短兩年的時間內，蘋果公司就在賈伯斯的帶領下進入了第二次快速發展的階段，而賈伯斯也因此從「臨時 CEO」成為蘋果公司真正的當家人。

賈伯斯的努力和執著也收到了回報，他再一次成了人們追捧的偶像，不僅員工給予他至高的讚賞和崇拜，董事會更是獎勵給他一架飛機。

對此，董事會成員伍爾德解釋說：「自從賈伯斯返回蘋果公司後，蘋果公司在他的帶領下從市值不到二十億美元增長到超過一百六十億美元。而賈伯斯卻沒有領取任何薪水。因此，我們很樂意給他這架飛機，以獎勵他在此期間為我們股東所做的出色工作。」

賈伯斯回歸蘋果公司之後，依靠 iMac 電腦打了第一場翻身仗，獲得了巨大的成功，但他並沒有沉浸在勝利的喜悅之中，他還有更遠大的目標需要實現……

邁向音樂市場

iMac 電腦是賈伯斯回歸蘋果公司之後的一場翻身仗，而且他在之後的一系列產品都獲得了巨大的成功。可以說，賈伯斯做到了真正的「王者歸來」。

　　但賈伯斯就是這樣，要麼就不做，要做就做老大！他並沒有沉浸在勝利的喜悅之中，他說：「我要取得和康柏公司同樣的銷量。」要知道在一九九八年的時候，康柏公司是一家一流的個人電腦廠商，銷售量是蘋果公司的好幾倍。

　　二〇〇一年，對賈伯斯而言又是一個「豐收年」。

　　這一年，他憑藉著 iPod 進軍音樂領域，從而掀起了一場顛覆傳統音樂收聽方式的革命。iPod 的出現，讓蘋果公司搖身一變，成為全球音樂產業界的關鍵角色，而賈伯斯也一舉成為音樂市場的領軍人物。

　　新世紀之初，人們收聽音樂大多是透過隨身聽，當時最為普遍的就是 Sony 隨身聽，它幾乎成了音樂產業的代名詞。

　　但對賈伯斯而言，他從來都不怕挑戰傳統，尤其是在這個充滿機遇和挑戰的音樂領域，他一直關注著市場的動向。這時他發現，市場上出現了更為便攜的音樂儲存播放器，它比隨身聽的體積更小，而且不需要磁帶，只要將歌曲儲存到裡面就能收聽。但是因為價格昂貴，這種數位播放器並沒有成功打開市場。

　　當時，儘管業內很多人都認為它的發展前景並不樂觀，但賈伯斯卻堅信人們一定會愛上這種便攜式數位播放器。

　　於是，賈伯斯毅然決然地砍掉了蘋果公司正在研發的新型電腦，轉而集中全力研發性能更好、價格更便宜的音樂播放器。

　　可以想像，賈伯斯的這個決定是非常艱難的，可以說這是

蘋果公司孤注一擲的賭注，因為蘋果公司曾經冒險推出過幾款消費電子類產品，最後都只是草草收場。

正因為如此，賈伯斯對設計研發這款音樂播放器更是努力，更是用心，對自己的要求更是嚴苛。他希望這款產品不僅要操作簡單，達到與電腦高速互動，同時要具有完美華麗的外觀。

賈伯斯要求的這款播放器，在蘋果公司研發團隊的努力下不到九個月就宣布完成了，賈伯斯將它命名為 iPod。

iPod 能獲得這樣大的成功，是因為蘋果公司員工確實在其中下了大功夫。當初為了設計出 iPod，蘋果公司的工程師們按照賈伯斯的想法加班加點。

用賈伯斯自己的話說：

我們都希望隨身攜帶全部的音樂資料庫。產品團隊展開了非常艱辛的工作。他們之所以這麼賣命，就是因為我們都需要一個這樣的產品。

iTunes 和 iPod 的首席軟體設計師傑夫‧羅賓也對賈伯斯的話深有同感，他說：「我記得當時每天晚上都和史蒂夫他們從九點一直坐到深夜一點，為第一代 iPod 編寫用戶介面。這款軟體在不斷測試和出錯中一天天簡化，直至我們彼此注視著說『好了，我們不可能再有更好的改進了』。這時候，我們知道事情搞定了。」

賈伯斯的堅持和努力換來了成功，在 iPod 的發布會上，賈

伯斯自豪地誇耀道:「蘋果公司研發出了新一代數位音樂播放器，它能夠把你的全部音樂都放在你的口袋裡，不論你走到哪裡都可以欣賞這裡面的音樂。」

賈伯斯為了讓 iPod 的外觀看起來更有藝術感，他在 iPod 白色的外殼之上增加了一層透明的塑膠。這種設計被稱為「共鑄」，可以為產品帶來縱深感。當時為了找到這種藝術般的技術，蘋果公司的設計團隊深入工程師、市場行銷人員的隊伍當中，甚至與遠在亞洲真正將產品生產出來的製造商進行密切的合作。

除了一流的設計，賈伯斯還堅持讓 iPod 擁有最為簡捷的操作軟體和用戶介面，在這方面，賈伯斯和蘋果公司的團隊把它的簡單和易用性做到了極致。

賈伯斯曾經常強調:「蘋果公司最擅長的工作就是使複雜的應用程式變得更加簡單，並且使它們在應用過程中擁有更強大的功能。」因此，他們希望更簡單的介面能夠帶領更多的人進入數位音樂的革命過程中。而 iPod 無疑就是這種「簡單的革命」的產物。

與 iPod 匹配的 iTunes 音樂軟體簡化了歌曲的收錄和壓縮過程，更重要的是，iTunes 是一個功能強勁的獨創性資料庫，它提供了許多方法，可以對上萬首歌曲進行分類，並能在一瞬間找到特定曲目。

在接受《財富》雜誌採訪的時候，賈伯斯用了一句話來概括 iPod 的操作：「將它接入。嗯，搞定！」

賈伯斯經常強調用戶體驗，他曾經說過，iPod 的出發點並不是一個小型的硬體或者新的晶片，而是用戶體驗。為了達到最好的用戶體驗，賈伯斯會不斷降低產品的複雜性，使這些產品盡可能簡單和易於使用。

此外，在硬體設計上，賈伯斯也將簡單做到了極致：

第一，通常大多數的電子產品上都會有螺絲孔，但 iPod 沒有，實際上它的外觀上甚至沒有可見的螺絲；第二，在大多數產品上，都會黏貼一大張印有條碼和檢驗章的標籤，而在 iPod 上，這一切都被精緻地刻在產品背面的底部；第三，大多數科技產品在塑膠或金屬接口之間有很大的縫隙，通常為四分之一微米，但蘋果公司的產品沒有縫隙，它的分界線是真正的線條，而非縫隙。

在賈伯斯看來，設計是不容忽視的，它是人工創造的基本精神。所以賈伯斯比任何人都在乎產品的外形，而 iPod 也的確實現了賈伯斯的目標。它的工藝水準可謂是匠心獨具，異常精緻。極具設計美感的 iPod 就像一件藝術品。市場中凡是真正打動人心的產品都是有「精神」、有「氣場」的，而 iPod 無疑就是這樣一款產品。

除了完美的設計，iPod 的功能也很強大。32MB 的記憶體，

同時還內置了一個容量達 5GB 的硬碟，可以儲存一千首歌。

更重要的是，擁有如此功能和外觀的 iPod 售價僅為三百九十九美元，因此 iPod 受到了眾多消費者的追捧。

iPod 一經面市，就憑著一流的設計、卓越的性能以及易用性吸引了大批消費者。

為了更好地推廣 iPod，蘋果公司在品牌行銷方面也讓人眼前一亮。在 iPod 的廣告短片中，我們可以看到一個黑色的剪影人在顏色鮮豔的背景裡，隨著 iPod 的音樂節奏舞蹈，這其中，iPod 獨特的白色耳機線非常搶眼。

iPod 的「剪影人」廣告引發了廣泛討論，有不少品牌分析人士寫了大量的文章解讀這一現象。就如一位分析人士所言：「賈伯斯特別擅長品牌行銷，他幾乎是從一開始就極力宣傳蘋果公司文化，並將其塑造成優雅而限量的精緻工藝產品文化。」

除了做廣告，二〇〇二年七月，蘋果公司還推出了第一個與 PC 機兼容的 iPod，而目的就是要擴大 iPod 的適用範圍。同時，蘋果公司還推出了 iTunes 音樂商店來提高 iPod 的銷售量。

賈伯斯還憑藉著自己的個人魅力，說服了 Sony 公司、華納兄弟公司、環球音樂公司、百代公司和 BMG 唱片公司為 iTunes 音樂商店提供音樂作品。

iTunes 音樂商店開張後，iPod 的用戶就可以透過連接 iTunes 下載音樂作品。儘管 iTunes 音樂商店被《財富》雜誌

評選為「二〇〇三年度最佳產品」，可事實上，iTunes 音樂商店是不賺錢的，它只是銷售 iPod 的一個通路。就像《紐約時報》所報導的：「就某種意義而言，這代表蘋果公司願意嘗試重新架構整個音樂業務，以推動 iPod 的發展。」

在蘋果公司的多重推動下，iPod 在二〇〇一年的銷售量就達到了十萬台，至二〇〇二年，銷量上升到一百六十萬台，較前一年的增長率超過百分之百，這一年，蘋果公司在數位音樂的市場占有率一舉超過了百分之五十。二〇〇三年，iPod 的熱銷，依然為蘋果公司帶來了巨大的利潤。二〇〇四年，全球 iPod 的銷售額突破了四十五億美元。

至這時，iPod 這種小型能裝在口袋裡的播放器的銷售額已經遠遠超過了蘋果公司的主打產品，在影響力方面也遠遠超過了蘋果公司的電腦。iPod 成為了一種符號、一個寵物以及身分的象徵，iPod 幾乎形成了一種文化。

二〇〇三年，賈伯斯在他的辦公室接受《滾石》音樂雜誌採訪時，驕傲地說：「我所遇見過的藝人，幾乎每個人手裡都有一台 iPod，我所見過的唱片公司老闆，也幾乎人手一台 iPod。」

對於 iPod 的熱銷，賈伯斯認為有著更深遠的意義。二〇〇八年，賈伯斯在接受《財富》雜誌的採訪時，說出了 iPod 成功的非凡意義：

有一段時間非常痛苦，因為出於各種原因，許多人並不接

受「Mac」電腦,他們投向了 Windows 的懷抱。我們確實非常努力地工作,但我們的市場份額卻始終沒有起色。

有時你不禁懷疑自己是不是錯了,也許我們的東西不夠好,儘管我們自認為還不錯。或許人們並不在乎,而這則更加令人沮喪。

結果 iPod 證明,我們從操作系統的玻璃天花板底下走出來了。iPod 意義非凡,因為它表明蘋果公司的創新、蘋果公司的工程學、蘋果公司的設計的確至關重要。

iPod 占領了百分之七十的市場份額。在經歷了這麼多年的艱辛勞動,而且目睹了「Mac」電腦的市場份額始終徘徊在百分之四至百分之五之後,我很難告訴你這對蘋果公司來說有多麼重要。這對所有人來說都是一針強心劑。

iPod 的成功,證明了蘋果公司不僅擅長打動那些已經擁有「Mac」電腦的用戶,而且也能擄獲所有消費者的心。iPod 不僅引爆了外部的流行潮流,更關鍵的是它同時也是一個內部引爆點,它引爆了賈伯斯所堅持的「科技+人性」的策略。

賈伯斯對此深有體會,他說:「它讓蘋果公司從過去的『科技競爭』這一條狹窄的通道裡走了出來,而且對蘋果公司的創新、工程學、設計都產生了至關重要的影響。」

蘋果公司是極少數能把客戶納入到品牌傳播體系中的公司,在重回蘋果公司之後,賈伯斯試圖與顧客共建品牌。這其中

的關鍵是蘋果公司負責引爆市場，而廣大顧客則免費參與傳播。

　　而 iPod 也確實體現了蘋果公司的企圖──簡單、方便與友善，而且賦予了消費者更高的「權力」。英國薩塞克斯大學媒體與文化研究教授布爾在研究了上百位 iPod 使用者的消費行為後指出：

　　iPod 正在改變現有的音樂消費方式。

　　首先，iPod 讓消費者擁有更龐大的音樂控制權；其次，使用者可以自行編排播放清單，成為自己的音樂編輯，而不是依據唱片公司專輯所定下的播放順序；最後，經典的單曲會因為 iTunes 下載排行的機制一再成為暢銷金曲，而不會因為專輯過時被淘汰。

　　隨著 iPod 的火爆銷售，蘋果公司的電腦銷量也得到了提高。很多用戶因為 iPod 知道蘋果公司，從而紛紛將個人電腦更換為蘋果公司的「Mac」。

　　所以說，iPod 不僅為蘋果公司打造了一個新的產業，也帶動了傳統電腦產業的發展。而蘋果公司之所以可以獲得這樣的成績，其中主要的原因之一是，蘋果公司不僅是音樂產品裡最具創意的公司，同樣是科技產業裡最富創意的企業。

涉足手機領域

　　二〇〇一年，就像賈伯斯在推出 iPod 時所說：「有了

iPod，聽音樂再也不是一成不變的事了。」

對他本人而言，有了 iPod，以後的路也不再是一成不變了。除了電腦、電影動畫以及音樂領域，賈伯斯還要踏入第四個產業、第五個產業，而且一樣要成為行業內的領軍式人物。

二〇〇七年，也就是「蘋果電腦公司」改名為「蘋果公司」的這一年，賈伯斯再一次以具有革命性的產品影響了世界，震撼著人們。已經五十二歲的賈伯斯並沒有被歲月磨滅創新的熱情，相反他想要改變世界的想法越加強烈了。

在賈伯斯拿出 iPhone 之前，業界對手機的想像似乎已經到了一個極限，但這時候的賈伯斯卻展現了另一種石破天驚的想像力。在他看來，傳統的手機和掌上電腦並不是蘋果公司進入手機行業的理想切入點，他的目標是外形時尚、操作簡單獨特、功能強大易用的創新智慧手機。

雖然市場上的手機商已經很多，但賈伯斯並不擔心，他鼓舞員工們說：「我相信，如果蘋果公司依靠其創新精神，一定可以再次創造奇蹟，就像 iMac，就像 iPod 一樣。」

事實也證明，賈伯斯的確做到了。

為了研發出夢想中的 iPhone，蘋果公司專門設立了由強納森‧艾夫主持的研發團隊，團隊將大量精力放在了 iPod 和 iTunes 的研究上，同時參考之前的產品 Newton Message Pad。在整個團隊的傾力合作下，歷經三年，iPhone 終於不負

眾望地出現在大眾面前。

　　二〇〇七年一月九日，在蘋果公司的年度系列產品大會上，賈伯斯向世人展示了蘋果公司即將推出的 iPhone 手機。iPhone 手機一經面市就後發制人，受到了廣大消費者的追捧。

　　iPhone 手機的確是一款非常出色的手機。在推廣 iPhone 手機的時候，賈伯斯忍不住自豪地跟一個人說：「我敢與你賭一頓晚餐，你會愛上它的。」

　　iPhone 手機是一款集 iPod、智慧手機、筆記型電腦於一體的創新之作，手機運行的系統軟體是蘋果公司自己的操作系統。正是因為賈伯斯永無止境的創新意識，蘋果公司才研發出了這樣一款讓人們一見鍾情的手機。

　　正如他自己所說：「我們手中有源於 iPod 的微型製造工藝，我們手中還有來自『Mac』電腦的精密操作系統。從未有人想過往手機裡放進一個操作系統，我們能夠這樣做。」

　　在 iPhone 手機的外觀設計上，研發團隊延續了蘋果公司精緻簡潔的傳統，整個手機只有一個按鈕，造型大方獨特，讓人愛不釋手。在功能方面，iPhone 手機也做到了強大易用，它開創了移動設備軟體尖端功能的新紀元，重新定義了移動電話的功能。

　　iPhone 手機是一款革命性的新型移動電話，用戶只需點按某個姓名或號碼就能撥打電話。用戶還可以針對最頻繁撥打的電

話建立一個喜歡的電話列表，把這些電話合併在一起召開電話會議。

iPhone 手機首創性的可視語音信箱，開創了業界先河，能讓用戶觀看他們的語音郵件列表，決定要聆聽的消息，然後直接轉至這些消息，就像電子郵件一樣，可視語音信箱使用戶能夠立即訪問那些他們最感興趣的消息。

iPhone 手機還包含了一個帶有軟鍵盤的 SMS 軟體，可以在多個會話中輕鬆收發 SMS 消息。當用戶需要輸入時，iPhone 手機會呈現一個能夠防止和糾正錯誤的典雅觸控鍵盤，從而使其使用起來更加容易和高效。

另外，iPhone 手機還包含一個日曆軟體，可以支持手機與用戶的個人電腦或「Mac」機自動同步日曆。

而且，iPhone 手機還帶有一個兩百萬像素的照相機和一個照片管理軟體，用戶可以瀏覽自己的照片圖庫，這些圖庫也可以輕鬆地與他們的個人電腦或「Mac」機同步，而且只需輕彈手指就能為牆紙或電子郵件附件選擇一張照片。

iPhone 手機還是一款可觸控的寬螢幕 iPod，只需輕彈手指就能輕鬆滾讀全部歌曲、藝術家、影集和播放列表。影集圖案會完美地呈現在 iPhone 明亮的寬大螢幕上。

除了支持音樂，iPhone 手機在影片播放方面也是一絕。iPhone 手機令人難以置信的三點五英吋寬螢幕帶有播放－暫

停、章節快進－後退和音量觸控按鈕，為在袖珍設備上觀看電視節目和電影提供了終極的途徑。

如此多的功能，能讓 iPhone 的用戶欣賞他們的所有 iPod 內容，包括音樂、有聲書籍、聲音 Podcast、影片 Podcast、音樂影片、電視節目和電影。

iPhone 手機還是一款四頻 GSM 手機，並支持 EDGE 和 Wi － Fi 無線數據聯網技術。iPhone 手機提供了世界最先進的且富有趣味性的網頁瀏覽器，用戶能夠以設計的意向方式觀看任何網頁，然後只需用他們的手指輕點 iPhone 手機的多觸點螢幕，就能輕鬆放大擴展網頁中的任何部分。用戶可以透過 Wi － Fi 或 EDGE 在任何地方上網，並能從他們的 PC 或 Mac 自動同步他們的書籤。

iPhone 手機的 Safari 瀏覽器還內置了 Google 搜尋引擎和 Yahoo 搜尋引擎，因此用戶可以像在他們的電腦上一樣，即時搜尋其 iPhone 手機上的訊息。

iPhone 手機還包含 Google Maps，它採用了 Google 的創新地圖服務和 iPhone 手機令人難以置信的地圖軟體，使用戶能夠獲得袖珍設備上迄今最佳的地圖體驗。用戶可以從 iPhone 手機非凡、易用的觸控介面查看地圖、衛星影像、交通訊息和方向。

iPhone 手機採用的是觸控式技術，用手指點就可以操作使

用。就像賈伯斯說的那樣：「手指是我們與生俱來的終極定點設備，而 iPhone 手機利用它們創造了自滑鼠以來最具創新意義的使用者介面。」

此外，iPhone 手機採用的是重力感應旋轉螢幕，這個裝置會跟著地心指向的改變作出反應。當 iPhone 手機的用戶將 iPhone 手機貼著臉部打電話時，iPhone 手機會自動關閉螢幕以節省電源和防止觸碰，直至 iPhone 手機被移開。

iPhone 手機內置的周圍燈光傳感器還能夠針對當前的周圍燈光自動把螢幕的亮度調整到適當程度，增強了用戶體驗的同時也節省了電能。

二〇一〇年，在《財富》雜誌的「二〇〇七年度二十五個最成功設計」的評比中，蘋果公司的 iPhone 手機獲得了「全球最成功的產品設計」殊榮。

評委們一致認為：

iPhone 手機成為蘋果公司進入手機行業的顛覆之作。無論在外觀還是功能上，iPhone 手機都做到了極致。

可以說，iPhone 手機是一款革命性的、不可思議的產品，它比市場上的其他任何移動電話整整領先了五年，iPhone 手機的出現完全改變了電信行業的格局，而它的設計甚至引爆了智慧手機的一些新概念的流行，比如觸控螢幕、重力裝置等。

正如比爾·蓋茲所說的：

賈伯斯的成就非常顯著，他擁有令人難以置信的品位和高雅。他永遠活在未來，能夠明確指出明天的方向。

所以在 iPhone 手機還未正式面市的時候，它就成了業內最值得期待的一款手機，iPhone 手機的新聞一直是媒體追蹤的熱點。

一位市場分析師評價說：「iPhone 手機是自亞歷山大·格雷厄姆·貝爾發明第一部電話以來，業界期望值最高的一款手機。」

表現最明顯的是，iPhone 手機的閃亮登場使得那斯達克的蘋果公司股票價格直線攀升。iPhone 手機出售當天，蘋果公司股價就上漲百分之八點三，交易量比平時多出四倍。與此同時，其他手機製造商出現了不同程度的下滑：Treo 製造商 Palm 的股價下跌百分之五點七；RIM 的股價下跌百分之七點九；摩托羅拉股價下跌百分之一點八。

對此結果，證券分析師們表示：「看看現在蘋果公司股票的動向，全都是由 iPhone 引起的。iPhone 已經是蘋果公司股票瘋長的主要推動器。」

二〇〇七年六月二十九日，期盼已久的 iPhone 手機終於橫空出世，儘管它的價格並不低，但一經面市就在市場上掀起了購買狂潮。

據報導，在 iPhone 手機正式發布前一天晚上，許多人為了搶購自己心愛的 iPhone 手機，半夜拿著睡袋去紐約蘋果公司專

賣店門外排隊。消費者的瘋狂擁護讓蘋果公司都有些應接不暇，當時為了盡量讓每位排隊的消費者購買到手機，蘋果公司專賣店規定每名顧客只能購買兩部 iPhone 手機，而獨家負責 iPhone 手機營運的美國電話電報公司旗下的商店則規定每人限購一部。

二○○七年七月九日，距發售不過一個星期的時間，蘋果公司已經銷售了一百萬台 iPhone 手機。

針對 iPhone 的火爆銷售場面，美國一些主流媒體評論：「對製造手機的任何其他人來說，這是不幸的；但對我們這些使用手機的人來說，這是好消息。」

在二○○八年度大會上，賈伯斯宣布，在 iPhone 手機上市兩百天後，銷量已達四百萬台。在這個手機行業競爭已經進入白熱化的市場，iPhone 的熱銷不能不說是個奇蹟。

對於來勢洶洶的蘋果公司 iPhone 手機，美國的一家訊息技術研究和分析公司的分析師預測：「蘋果公司的市場占有率可以在五年內達到百分之二十。」

對此，賈伯斯也強調：「我們會不遺餘力地推出 iPhone 手機的升級產品，我們一直努力將 iPhone 手機變得越來越好。」

推出最薄筆記型電腦

從一九九八年開始，賈伯斯一步步奉獻給人類想像的極限，蘋果公司的所有產品都讓人們欣喜不已。

　　人們在不斷的期待中，也在擔心：蘋果公司是否還能持續這種輝煌和創新能力，賈伯斯的創作力會不會已經枯竭了？

　　就在人們產生懷疑的時候，賈伯斯站出來向世人證明：蘋果公司的神話依然在繼續！

　　二〇〇八年，蘋果公司隆重推出了「世界上最薄的筆記型電腦」——MacBookAir，再一次掀起了 IT 產業的時尚新潮流。MacBookAir 整個機身外形更加流暢俐落，革命性地用一個部件代替了多個部件，它是以一整塊鋁合金雕琢而成的。

　　在 MacBookAir 的鍵盤設計上，蘋果公司花了一番心思，MacBookAir 採用了十三點三英吋的液晶螢幕和全尺寸鍵盤。鍵盤整體是凹陷下去的，這樣不僅可以保證按鍵和鍵盤邊框處在同一水平面的情況下具有一定的鍵程，也讓用戶打起字來比較舒服。

　　此外，MacBookAir 的鍵盤採用了背光燈的設計，帶有環境光敏感元件，可以根據環境光的亮度來自動調整螢幕和鍵盤背光燈的亮度，這樣在環境光比較昏暗的地方也可以看清鍵盤的字，還不用自己去手動調節。

　　可以說，MacBookAir 在細節上都體現了賈伯斯「做到極致」的精神。例如，在電源設計上採用了安全插孔的設計方式，適配器接頭和機身的插孔主要是靠磁鐵的吸力結合在一起的，意外碰到的時候只會使適配器接頭脫落而不致連累機器跌落。

蘋果公司為了讓 MacBookAir 更加完美，賈伯斯甚至把心思也花在接口部分的設計上，MacBookAir 採用的是軟排線設計方式，因此整個接口模式在不使用的時候是可以收到機身內部的，從外側看不到任何接口，這項設計比配備防塵擋板要高明得多。

按鍵方面，MacBookAir 沿襲了 iMac 筆記型電腦一向的設計風格，它的按鍵設計比較簡潔，除了電源開關之外，沒有設計任何其他的快捷鍵。

除了完美的外觀設計，最令人吃驚的是 MacBookAir 的厚度只有十九點三毫米，最薄的地方僅有四點零六毫米。

當時，在大會上，賈伯斯是從一個牛皮紙袋中拿出 Mac—BookAir 的，這一舉動不僅使現場的觀眾驚訝不已，也給稍後看到報導的用戶們帶來了很大的震撼。

而 MacBookAir 之所以能做到如此之薄，主要因為它採用了 LED 螢幕和特殊處理器，這種處理器是英特爾專門為蘋果公司定製的，面積不僅比標準的酷睿 II 處理器要小很多，功耗也低不少。這種定製的酷睿 II 處理器的應用，不僅有益於輕薄，也為良好散熱提供了很好的支持，使 MacBookAir 成為 iMac 系列電腦中發熱量最小的電腦。

賈伯斯用一種自我讚嘆的語氣說：「我們在第一眼看到它時，很難相信它竟然是一款高配置的筆記型電腦，但事實上，它

的確做到了！」

筆記型電腦雖然很薄，依然內置了可視聊天的攝影機和全向麥克風，結合 iChat 或者其他即時通訊軟體使用，它可以給溝通帶來很大的便利。

不僅如此，MacBookAir 還配備了高速集成圖形處理器，圖形性能較以前提升六倍，大多數應用程式的性能都得到了顯著提高。

此外，操作系統中還自帶了時間機器的軟體，用於數據備份和恢復。用戶在第一次啟動以後，該軟體將做整盤複製，非常方便實用。

觸控板的區域也很大，是通常十三英吋筆記型電腦的兩倍。還加入了多點觸控技術，透過多點觸控可以實現圖像放大、縮小，一百八十度旋轉，以及文件的翻頁，而這些功能在實際中也確實為用戶帶來了很多的便利。

除了這些，還配有一個 USB 接口的外置 DVD 刻錄光驅，這個外置光驅的特點是無須笨重的電源適配器，只需要一根連接線就可以直接連接機器，實現光碟播放或者刻錄功能。

當然，MacBookAir 也不會缺少常用的即時通訊工具。

對於這樣一款功能強大的筆記型電腦，賈伯斯禁不住自豪地讚賞道：「我已經對它渴望很久了，我將第一個排隊購買它。」

對此，媒體也給予了高度的評價：

這個可以裝在信封裡的筆記型電腦，絕對算得上是筆記型電腦史上最成功最偉大的藝術傑作之一。它凝聚了當今包括工藝設計、材料工程學以及半導體技術等多方面的高尖研究成果，從而將筆記型電腦的最小厚度降到了不可思議的四點零六毫米。

更重要的是它對消費者乃至整個業界，都進行了一次非常出色而高效的思想認識上的昇華和洗腦——原來，筆記型電腦的輕薄設計可以達到如此境界！

所有的人都沒有讓自己對賈伯斯的期望落空，賈伯斯一次次帶給世界以極限想像的驚喜！

此時，賈伯斯幾乎已經成為科技行業的「終結者」，沒有什麼可以阻擋他前進的腳步。他總是不斷地給人驚喜，無論是從創業之初還是回歸蘋果公司之後，他天才的電腦天賦，絕妙的創意腦筋，偉大的目標以及處變不驚的領導風範鑄就了蘋果企業文化的核心內容。

賈伯斯對完美和創新的執著，讓所有人都為之敬仰。雖然他脾氣依舊暴躁，雖然工作中他對員工還是很挑剔，但很多蘋果公司的員工都不得不承認：「賈伯斯的壓力讓我們做出了一些超越自己能力的成功，即使那些他參與不多的產品，也會因為他的最終審核而提升水準。」

從此，賈伯斯似乎變成了一個「技術標竿」，從前是在蘋果

公司內部，但現在是在整個行業之中。

除此之外，賈伯斯還會花很多時間尋找能夠產生新產品的技術。賈伯斯幾乎每天都能在互聯網登記註冊的新聞站點上收到三百份電子郵件，而他總會認真地全部看完，目的就是為了接收更多的新構想。

賈伯斯總是對於創新的追求樂此不疲，他經常對年輕人說：

創新無極限！ 只要敢想，沒有什麼不可能，立即跳出思維的框框吧！

如果你正處於一個上升的朝陽行業，那麼嘗試去尋找更有效的解決方案——更招消費者喜愛、更簡捷的商業模式。

如果你處於一個日漸萎縮的行業，那麼趕緊在自己變得跟不上時代之前抽身而出，去換個工作或者轉換行業。不要拖延，立刻開始創新！

隨著新產品的不斷出現，賈伯斯不僅成就了自己，也成就了蘋果公司。從他創建蘋果公司，乃至後來重回「家門」，賈伯斯為蘋果公司作出的貢獻是有目共睹的。所有人都不得不承認：沒有賈伯斯，就沒有今天如此輝煌的蘋果公司。

最後輝煌

　　無論是電腦還是科學技術，這些東西都不能
改變整個世界，事實就是如此。

—— 賈伯斯

經歷兩次患病手術

二○○三年，賈伯斯三度登上美國《廣告時代》評選的領導品牌名單，同時他還兩度名列「行銷一百傑」，並且在二○○三年入選標準更為嚴格的「行銷五十傑」。

隨著蘋果公司的不斷發展，賈伯斯作為蘋果公司的最高領導者也具備了強大的個人品牌。人們在提起蘋果公司時不得不提到賈伯斯，賈伯斯儼然成了「蘋果公司教父」。

但是，就在賈伯斯準備繼續自己人生以及蘋果公司的傳奇時，他自己的身體卻亮起了紅燈。

二○○四年，賈伯斯突然被診斷出患了胰腺腫瘤，而且還是惡性腫瘤。在胰腺內的惡性腫瘤引起死亡的機率非常高。醫生根據以往的經驗告訴賈伯斯說：「幾乎可以確定這是一種不治之症，頂多還能活三至六個月。」

從這一刻開始，賈伯斯才知道死亡是一件多麼可怕的事情。正當他以為自己的人生和事業就要到此為止時，奇蹟發生了。

按照慣例，醫生需對癌症患者進行切片檢查。當醫生們從顯微鏡下觀察了賈伯斯的細胞組織之後，發現他患上的是一種極其罕見的癌症——胰島細胞神經內分泌的腫瘤，只占每年診斷出的胰腺癌病例的百分之一。

醫生告訴賈伯斯：「史蒂夫，你這種病症可以透過外科手術切除，而且絕大多數的患者透過切除手術，至少還能活十年。」

聽到這個消息後，很多朋友都希望賈伯斯盡快接受手術。然而，信仰佛教和素食主義的賈伯斯卻拒絕手術治療，而堅持一種神祕的飲食療法。

二〇〇四年七月，在一次身體檢查中，醫生發現賈伯斯的胰腺腫瘤有所增大，必須進行手術。

這時，賈伯斯終於同意進行手術。

七月三十一日，賈伯斯在離家不遠的帕羅奧多史丹福大學醫學中心接受了腫瘤切除手術，這次手術切除了部分胰腺、膽管和小腸，重建了消化道。

賈伯斯手術後恢復得很快，僅僅休息了一個月就回到了蘋果公司。在這之前，沒有任何外部人士知道賈伯斯得病的消息，有人說賈伯斯隱瞞病情，是為了避免引起蘋果公司投資者的恐慌。的確，如果賈伯斯患癌症的消息在那時傳開的話，很可能會影響到蘋果公司的發展，畢竟蘋果公司是在賈伯斯的帶領下才恢復競爭力的。

回到公司後，賈伯斯在一次演講中提到了自己得病時的情況：

大約在一年前，我被診斷出癌症。在早晨七點三十分我做了一個檢查，掃描結果清楚地顯示我的胰臟出現了一個腫瘤。

　　我當時甚至都不知道胰臟究竟是什麼。醫生告訴我，幾乎可以確定這是一種不治之症，頂多還能活三至六個月。大夫建議我回家，把諸事安排妥當，這是醫生對臨終病人的標準用語。

　　這意味著我得把今後十年要對子女說的話，只能用幾個月的時間說完，這還意味著我向眾人告別的時間到了。

　　我整天和那個診斷書一起生活，直至有一天早上醫生給我做了一個切片檢查。我使用了鎮靜劑，太太在旁邊陪著我。

　　結果，大夫們從顯微鏡下觀察了細胞組織之後，驚訝得集體尖叫了起來，因為那是一種非常罕見的、可以透過手術治療的胰臟癌。

　　這是我最接近死亡的一次，在經歷了這次與死神擦肩而過的事情之後，死亡對於我來說只是一項有效的判斷工具，並且只是一個純粹的理性概念。

　　我能夠肯定地告訴你們，沒人想死，即使想去天堂的人，也是希望能活著進去。

　　雖然賈伯斯在這次演講中沒有明確提到對死亡的恐懼，但字裡行間透露出來的訊息都是對死亡的不甘心，也正是因為這種不甘心讓他在大病初癒之際就回到了公司，因為他要用剩下的時間來書寫自己的輝煌人生。

　　大病後的賈伯斯這樣度過他的每一天：早晨六點準時起床，在四個孩子起床前先工作一會兒，然後吃早點，等孩子們上學後

再在家工作一個小時,九點去蘋果公司上班。

　　無論他在哪裡,他的電腦都透過高速網路和蘋果公司以及 Pixar 公司連接在一起,以便他隨時都可以處理文件和電子郵件。

　　在外人看來,賈伯斯似乎沒什麼變化,還是一個十足的工作狂。然而事實上賈伯斯很多的看法和想法都在這次大病後有了變化。

　　在一次接受採訪時,他告訴記者:

　　無論是電腦還是科學技術,這些東西都不能改變整個世界,事實就是如此。而改變你對這些事物看法的卻是你的孩子,人生短暫,時不我待,科學技術是不能改變我們的思想的。

　　如果是在得病前,賈伯斯絕對不會說這種話,之前他一直堅信科學技術是可以改變世界的,自己是可以改變世界的。此外,賈伯斯的人生觀以及對生活的想法也有了改變:

　　一個人成為父母以後,他的人生觀就發生變化了,就好像內心深處突然多了一種奇怪的力量左右自己的思想一樣,讓他對這個世界有了一個全新的感覺,這種感覺在以前是絕對沒有的。

　　我現在要做的,就是努力做一個好父親,就像我父親對待我一樣。

　　雖然賈伯斯有了許多改變,而且還違背自己的意願進行了

腫瘤切除手術，但是病魔並沒有就此放過賈伯斯。

二〇〇八年，賈伯斯的肝臟功能開始衰竭，除了迅速更換肝臟外別無他法。

在接下來的幾個月裡，和絕大多數肝衰竭的美國有錢人一樣，賈伯斯幾乎跑遍了美國所有的醫院，讓自己接受不同醫院不同醫生的檢查，以盡可能擠上較多等候名單。

功夫不負有心人，賈伯斯最終找到了適合的肝臟。

二〇〇九年三月底，賈伯斯在田納西州的孟菲斯衛理公會大學醫院進行了肝臟移植手術。九月份，賈伯斯出現在蘋果公司系列的年度更新發布會上。他故作輕鬆地走上台去，說道：「大家好，我今天帶來了新的 iPod 和一個新的肝臟。」

時間的車輪轉到了二〇一〇年，已經五十五歲的賈伯斯白頭髮越來越多，甚至開始謝頂，他還戴上了老花眼鏡。但歲月沒有磨滅他的鬥志，這個從來不服輸而且善於製造奇蹟的鬥士，只要沒有倒下，就會一直活躍在行業的最前端，為世界、為人類創造一個個超乎想像的奇蹟。

再次動過手術的賈伯斯不知是出於哪種心態，開始頻頻出現在公眾面前。他非常少見地親自回覆用戶的郵件；他公開地「羞辱」對手及第三方軟體開發商；他還對 Google 手機展開犀利的攻擊，在蘋果公司員工大會上說 Google 的「不作惡」宗旨是「狗屎」；他還破天荒地帶著夫人走上了二〇一〇年奧斯卡頒

獎典禮的紅地毯,當時的賈伯斯身穿筆挺的西服,規矩地打著領結,而不是幾十年如一日的裝扮——黑色高領衫和藍色牛仔褲。

這些不尋常的舉動都彰顯了賈伯斯與之前的不同,看來這次的大病真的對賈伯斯的影響很大。

有一次,賈伯斯在媒體前這樣說道:

「記住你即將死去」是我一生中遇到的最重要的箴言。

因為幾乎所有的事情,包括所有的榮譽、所有的驕傲、所有對難堪和失敗的恐懼,這些在死亡面前都會消失。我看到的是留下的真正重要的東西。

進行肝臟移植手術後的賈伯斯給人的感覺就像是時間在催促他一樣,他出擊迅速,抨擊對手毫不留情,或許是認識到病情的不樂觀了吧!

據醫學專家分析,賈伯斯的第一次手術產生的副作用就是,需要切除整個胰腺,這樣才能根除癌細胞轉移擴散的情況。這樣,病人如果要維持生命,就必須注入胰島素,以此來控制血糖,但是病人將面臨患上嚴重糖尿病的風險,同時也會導致食慾缺乏,進而體重驟降。

而第二次手術後,賈伯斯還必須依賴免抑製藥物來防止移植排斥。

取消產品版權限制

從二〇〇四年開始，在健康受到威脅的情況下，賈伯斯不得不把自己所有的商業計劃都提前並迅速地實施。在大家看來，他似乎急著要在兩年內完成他本來計劃在十年內完成的事情。

二〇〇六年，也就是在賈伯斯還沒進行第一次手術時，蘋果公司在音樂播放市場上占據了極大的份額。因為蘋果公司的iTunes 是最早提供下載歌曲的一款產品，所以它在市場上的競爭優勢顯而易見。二〇〇六年第一季是蘋果公司有史以來營業額和盈利最高的財季，純利潤高達五點五六億美元，遠遠超過了二〇〇五年同期增長率。

但這樣喜人的形勢並不意味著蘋果公司就可以高枕無憂。事實上，在音樂播放器市場上，蘋果公司的競爭對手都在摩拳擦掌，躍躍欲試。

Sony 公司作為昔日音樂播放器的領頭羊，在卡帶式播放器上取得了巨大成功，但是由於擔心自身在硬碟媒體播放器上的音樂和影視內容受到侵害，Sony 在推出硬碟媒體播放器上喪失了市場先機，以至於讓蘋果公司打了頭陣，搶了先機。

但是，Sony 公司作為消費電子巨頭，自然不會甘心讓自己的市場被其他公司占據。Sony 公司總裁佐治孝一郎明確表示：「目前，我還不敢確定是否能夠在一年的時間內奪回數位音樂市場霸主的地位，但我們會不惜一切代價占領全球數位音樂市

場。」

除了 Sony 公司這個電子巨頭外，微軟在音樂方面的發展趨勢也逐漸進逼蘋果公司 iTunes 下載市場。微軟不僅提供軟體服務來對抗蘋果公司 iTunes 下載服務，而且還準備推出自主品牌的 MP3 播放器。

微軟總裁比爾·蓋茲說：「在數位音樂市場，當前的形勢並不是最終的格局，在未來幾年內，微軟與合作夥伴必將推出一些極具競爭力的播放器產品。」

同時，韓國三星這個新興的消費電子公司也將競爭的矛頭指向了蘋果公司。按照三星公司的計劃，它希望在二〇〇七年時取代蘋果公司成為全球最大的 MP3 播放器製造商。

事實上，不僅僅是 Sony、微軟、三星這類消費電子公司在壓制蘋果公司的發展速度，就連亞馬遜那樣的電子商務企業也看上了蘋果公司在音樂下載方面的霸主地位。

二〇〇七年，亞馬遜公司就已經與四大音樂公司達成協議，決定在二〇〇七年夏天推出數位音樂服務，並以此創造可行的數位音樂服務產品。當時，與亞馬遜公司就音樂許可證問題進行談判的四大公司包括美國環球唱片公司、Sony 公司、華納音樂公司以及百代唱片公司。

另外，亞馬遜公司還考慮提供音樂訂閱服務，包括提供印有亞馬遜品牌的打折隨身聽等。這無疑又是蘋果公司的一大強勁

對手。

　　就在蘋果公司與這些國際知名的大企業激烈競爭之時，Napster 推出了 Napster To Go 服務。這種服務是一種新的可兼容的隨身聽數位音樂訂戶服務，用戶可從 Napster 上給 MP3 播放器下載無限制的歌曲。Napster 公司的負責人對這種服務充滿了信心：「Napster To Go 服務提供了無窮的價值，它比蘋果公司的 iTunes 每次付費下載模式更加令人激動。」

　　在這種強敵環繞的情況下，蘋果公司的 iTunes 下載服務遭受了消費者的抱怨。

　　原來，使用 iTunes 下載有一種名為 DRM 的版權保護，這為消費者帶來很多不便。DRM 其實就是一種內容數位版權加密保護技術，它主要是透過技術手段來保護文檔、電影和音樂等不被盜版。這項技術透過對數位內容進行加密和附加使用規則對數位內容進行保護，其中，使用規則可以斷定用戶是否符合播放要求。這樣一來，消費者下載的很多東西就會被限制播放，造成極大的不便。

　　為了減少消費者對蘋果公司的抱怨，賈伯斯在蘋果公司網站上發表了一篇《反 DRM 宣言》。

　　在這篇宣言中，賈伯斯詳細說明了採用 DRM 的原因以及蘋果公司的難處。

　　宣言這樣寫道：

蘋果公司的 iPod 音樂播放器與 iTunes Store 在全球獲得了巨大成功，有人呼籲蘋果公司開放其用來防止音樂被盜用的數位版權管理技術，即 DRM，從而令購自 iTunes Store 的音樂能夠在其他公司的數位設備上播放。讓我們來研究一下目前的情況以及來龍去脈，然後看看未來的可能性。

首先，應該記住的是，所有 iPod 都能播放不含 DRM 的、以開放格式——如 MP3 或 AAC——編碼的音樂。iPod 用戶獲取音樂有許多通路，包括他們買來的 CD，事實上他們一直在用。

問題出在蘋果公司的 iTunes Store 所賣的音樂。由於這些音樂的版權並不歸蘋果公司所有或控制，蘋果公司必須從他處申請發布這些音樂的權利。

「他處」主要就是四大音樂集團，即環球、Sony BMG、華納和百代唱片。當初蘋果公司登門申請在互聯網上合法發布音樂的權利時，這些公司極度謹慎，要求蘋果公司保護他們的音樂免遭非法拷貝。

我們提出的解決方案就是創建一個 DRM 系統，利用特殊的祕密軟體保護 iTunes Store 所賣的每一首歌，令它們無法在未經授權的設備上播放。

蘋果公司當時爭取到的使用權具有劃時代的意義，其中一條是允許用戶在多達五台電腦上以及任意多部 iPod 上播放從 iTunes Store 購買的含 DRM 的歌曲。在當時，從唱片公司獲得

這樣的授權可謂史無前例。

即便是今天，大部分數位音樂服務也難以望其項背。

但是，當時我們和唱片公司的合約裡有一項重要條款，如果我們的 DRM 系統失效，導致他們的音樂可以在任何未經授權的設備上播放的話，他們只會給我們數週時間來解決，否則他們就有權撤下 iTunes Store 裡賣的全部音樂。

在這篇宣言中，賈伯斯明確指出了他本人對 DRM 的看法。他認為向其他公司提供 DRM 保護，並不能保證從大唱片公司購買的歌曲不被盜版，因此在他看來，應該完全廢止 DRM 技術，從而便於所有的 MP3 都能播放從任何一家在線音樂店購買的音樂，這才是正確的行為。

賈伯斯在表明他自己態度的同時，這篇宣言也讓人們認識到，要想使蘋果公司完全廢止 DRM 技術，的確還有一段距離。賈伯斯認識到了 DRM 技術的弊端，但是蘋果公司卻沒有廢止這項技術。

微軟的比爾‧蓋茲緊跟賈伯斯的步伐，也明確表示了對 DRM 的失望，他認為，DRM 讓那些合法購買音樂的消費者飽受折磨，卻沒有造成防止盜版的作用。

與蘋果相同的是，微軟也沒有即時廢止這項技術。

反倒是百代唱片公司在這兩位抱怨之後，迅速公布了一則消息——該公司於二〇〇七年四月正式全面放棄 DRM 技術。

從二〇〇七年二月六日賈伯斯發表《反 DRM 宣言》，至二〇〇九年一月七日，蘋果公司才正式對外宣布：iTunes 正式去掉商店內音樂的數位版權 DRM 保護。之所以敢於作出這樣的決定，與蘋果公司的努力是密不可分的。

在二〇〇九年舉辦的大會上，蘋果公司負責全球行銷的高級副總裁菲利普・席勒代替賈伯斯發表了主題演講。演講中提到了 iTunes 音樂商店在二〇〇九年將會改變三點：

首先是價格方面。在過去六年中，蘋果公司的單曲定價一直是九十九美分。如今音樂公司希望可以更靈活一點，新的價格將會在六十九美分至一點二九美元之間。

其次是版權保護方面。經過蘋果公司與主要的音樂廠商談判，從一月七日開始將會有八百萬首音樂被取消 DRM 版權限制。在 二〇〇九年第一季末，這一數字將達到一千萬首。

最後一點改變是關於 iPhone 上的音樂商店的。

現在，消費者可以透過 3G 網路來購買音樂，而不是僅僅在 Wi － Fi 上。消費者購買的音樂都將會直接下載到手機上。與在電腦上購買到的音樂一樣，音質不會打折扣。

在蘋果公司的努力下，Sony BMG、環球與華納三大唱片公司先後與蘋果公司簽訂了協議，承諾從二〇〇九年開始銷售無 DRM 保護的合法數位自由音樂。

事實上，所謂取消 DRM 技術的「自由音樂」並不是絕對的

自由音樂，也就是說並不是大多數人想像中的那樣「購買的所有歌曲都可以隨意複製」，是所有的歌曲必須提三十美分即可以獲得自由複製權。而不是免費的。

儘管不是絕對自由的複製權，但是取消 DRM 技術仍是一次巨大的進步，是歷史性的前進，這使得 iTunes 下載服務又在市場上掀起了一陣熱潮。

在 iTunes 取消 DRM 限制之後的第二年，賈伯斯再出新招，又推出了 App store。

這是蘋果公司基於 iPhone 的軟體應用商店，向 iPhone 用戶提供第三方的應用軟體服務，是蘋果公司開創的一個讓網路與手機相融合的新型經營模式。這個模式的出現使用戶得到了更多的方便，使手機更加快捷。

App store 模式的意義在於為第三方軟體的提供者提供了一個方便而又高效的軟體銷售平台，使得第三方軟體的提供者參與其中的積極性空前高漲，這個軟體的推出更適應了手機用戶們對個性化軟體的需求，從而使得手機軟體業開始進入了一個高速、良性發展的軌道，而不是只侷限於打電話。

蘋果公司把這樣的一個商業行為昇華到了一個讓人效仿的經營模式，無疑是手機軟體業發展史上的一個重要里程碑，其意義已遠遠超越了「iPhone 的軟體應用商店」本身。

App store 自二〇〇八年面市以後，就取得了不俗的成績。

短短三個月，下載數就達到了二十五萬次。至二〇〇九年一月，
該數字超過一點五億次。

　　據說，這樣海量下載所獲的利潤僅占蘋果公司盈利中的百
分之一，由此可見，蘋果公司「生財」能力是多麼強大。

推出更新升級產品

　　賈伯斯多年遊歷於市場中，自然明白產品更新換代的重要
性，他說：「要想使公司在競爭中立於不敗之地，就必須在競爭
對手打敗自己現有產品之前生產出更為消費者喜愛的產品。真正
成功的企業從來都不是等待市場淘汰自己的產品，而是自己淘汰
自己的產品。」

　　因此，蘋果公司的產品更新換代的速度，要遠比其他公司
更快一些。iPhone3G 手機上市僅僅幾年，蘋果公司又強力推出
了 iPhone3GS。

　　作為 iPhone3G 手機的升級版，3GS 中的 S，代表了
Speed，即速度。這意味著，升級版的 iPhone 手機將搭載更加
合理的配置，擁有更快的運行處理速度和 3G 網路載入速度，為
人們的精彩生活帶來速度的提升。

　　相對於 iPhone3G 手機而言，iPhone3GS 手機的攝影機像
素增加到了三百萬，而且還追加了自動對焦和影片編輯功能。

　　另外，iPhone3GS 手機不再採用 TFT 材質作為螢幕，而是

選擇了更為耐用的 OLED 材質，運行記憶體由 128MB 提升到了 256MB，主頻也由 440MHz 提升到了 600MHz。

而且，iPhone3GS 手機還減少了機身厚度，支持電子羅盤功能。

iPhone3GS 手機剛剛上市，蘋果公司又發布消息稱：將於 二〇〇九年八月二十八日正式出售「Mac」電腦的新操作系統──「雪豹」。

蘋果公司方面強調，「雪豹」並不是一個全面革新的版本，而是蘋果公司現有操作系統「美洲豹」的升級版。

其實，早在消息發布之前，蘋果公司就已經開始出售「雪豹」系統了。尚在預售階段的「雪豹」很快就已經登上了亞馬遜公司暢銷軟體排行榜榜首。

雖然「雪豹」不是一個全新版本，而且外觀看上去也幾乎沒有什麼變化，但事實上該系統進行了多處改良，最明顯的改良就是「雪豹」所占空間比「美洲豹」要小一半，安裝後系統會釋放 7GB 的硬碟空間，這對硬碟容量較小的用戶來說無疑是個好消息。

這個好消息只是「雪豹」給用戶的一個小小驚喜而已，等用戶真正開始運用「雪豹」系統時就會發現，相比「美洲豹」而言，「雪豹」真的改良了很多。

長期以來，關於「雪豹」的銷售量，蘋果公司沒有給出具體

的數字。但是從「美洲豹」的銷量來估計，作為其升級版的「雪豹」應該也不會差。

美國投資銀行在二〇〇九年研究報告中預期，蘋果公司的新「雪豹」系統，在二〇〇九年九月那一季將售出五百萬套。

一位資深分析師也對「雪豹」系統充滿了信心，他估計「雪豹」系統的銷售將為第三季帶來六千六百萬美元額外的本業獲利。

美國的各大媒體也大肆吹捧了「雪豹」系統一番。

《華爾街日報》的一篇報導中這樣寫道：

在我看來，蘋果公司的雪豹操作系統比微軟的 Vista 操作系統更好更快。

《紐約時報》這樣評價道：

蘋果公司的雪豹操作系統強大、優雅、構思巧妙。

《個人電腦》雜誌也給了「雪豹」很高的評價：

對於大多數消費者而言，這是迄今為止最好的操作系統。

《今日美國》對「雪豹」更是十分看好：

憑藉雪豹操作系統，蘋果公司操作系統拓寬了其在美學和技術領域的領先地位。

可見，「雪豹」確實是各大媒體的寵兒。

　　在評論上取得成功的「雪豹」系統，在商業上肯定也會獲得巨大的成功。

　　除了在下載方面下功夫外，賈伯斯也沒有放棄在電腦方面的研發。二〇一〇年一月二十七日，蘋果公司推出了傳聞已久的平板電腦。

　　賈伯斯對這款電腦的定位是介於蘋果公司智慧手機 iPhone 和筆記型電腦產品之間，一共只有四個按鍵的平板電腦看起來就像個大個的 iPhone。這款電腦提供瀏覽互聯網、收發電子郵件、觀看電子書、播放聲音或影片等功能。

　　平板電腦靈巧的觸控式螢幕，使用戶操作起來更加便利，尤其是在進行郵件操作時。用觸控式來處理郵件，是前所未有的方式，這在一定程度上也體現了蘋果公司行業前驅的地位。

　　在郵件處理中，平板電腦讓用戶更為驚喜的是，無論你把螢幕平放還是垂直放立，郵件都可自動跟著旋轉並鋪滿全螢幕。此外，在平板電腦上查看圖片時，可用手指對圖片進行縮小、放大或幻燈片觀看等操作。

　　另外值得一提的是，平板電腦可以運行 App store 近二十萬個應用程式，從遊戲到商務應用，一應俱全。

　　正所謂一分價錢一分貨，這個道理當然也適用於蘋果公司產品。擁有這麼多新奇功能的平板電腦在售價上給消費者帶來了極大的驚喜，只要幾百美元就可擁有這樣一台平板電腦。

　　雖然說平板電腦輸入方式新穎，而且移動性能好，但是它也有著不少缺點。美國著名 IT 雜誌《連線》的產品分析師查理·索瑞爾在賈伯斯發布平板電腦後，立即列出了平板電腦缺失的十大功能：不支持 Flash、無 OLED 螢幕、無 USB 接口、無 GPS 功能、不支持多任務功能、無鍵盤、無攝影機、未選用平板電腦作為移動營運商、螢幕比例不是 16：9、無高清多媒體接口。

　　這些缺點使平板電腦的銷售市場受到了極大的限制，因為對於那些習慣於同時開著瀏覽器、電子信箱等多個介面的用戶來說，他們就不會選擇平板電腦。

　　但是相對於價格來講，平板電腦也算是物有所值了。即使平板電腦的銷量遠不如 iPhone 和 iPod，但相對於其他公司的同類產品來說，銷量已經十分可觀了。藉助這款電腦，蘋果公司已經開始逐漸實施策略轉型的策略。

　　不論是盈利份額小的 App store，還是不完美的平板電腦，都在一定程度上為蘋果公司重現強勁競爭勢頭奠定了基礎。

　　賈伯斯在蘋果公司平板電腦發布後透露，該產品採用蘋果公司自主設計的微處理器。由於該公司長期以來一直都使用外部半導體供應商提供的處理器，所以平板電腦成為蘋果公司策略轉型的第一個成果。

　　知情人士則透露說：「透過這種策略，蘋果公司就不必再與外部晶片供應商分享未來計劃的相關訊息。」

這也就是說，在不遠的將來，蘋果公司將會自主研發晶片。這一策略必然會大大增強蘋果公司的競爭力以及在技術上的壟斷程度。

在數位市場上競爭

賈伯斯經過十多年的磨礪，他終於逐漸認識到了一個道理：「蘋果公司生活在一個生態系統中，它需要其他夥伴幫助，它也需要幫助別人。」因此，再次成為引領蘋果公司的靈魂人物後，賈伯斯雖然對自己的員工仍舊十分苛刻，但是他在對待其他公司方面卻顯得溫和了許多。

也正是因為賈伯斯明白了「需要互相幫助」這個道理，所以才會有蘋果公司與 Google 公司之間的合作。

早先在研發 iPhone 的過程中，主宰互聯網搜尋業務的 Google 公司曾向 iPhone 提供地圖、搜尋和郵件功能，還使自己的 YouTube 影片服務兼容蘋果公司的 QuickTime 播放器。

在那段時間，Google 公司與蘋果公司之間合作得十分密切，Google 公司的 CEO 埃里克·施密特還笑著對賈伯斯建議說：「史蒂夫，我看不如乾脆將蘋果和 Google 兩家公司合併，改名叫『AppleGoo』。」

然而賈伯斯身上總會發生一些戲劇性變化，Google 公司和蘋果公司之間也好景不長，很快就反目成仇了。導致這種結果的

原因就是二〇〇七年底 Google 公司推出了 Android 手機。

　　Google 公司的這一舉動激怒了賈伯斯，在他看來，Google 公司推出的 Android 手機在很大程度上剽竊了蘋果公司的 iPhone 技術，這種行為無疑是背叛。個性強硬的賈伯斯怎能容忍「朋友」的背叛呢？於是從二〇〇八年開始，蘋果公司與 Google 公司之間的爭論就變得火藥味十足了。

　　二〇〇八年，在一次 Google 公司召開的會議中，賈伯斯憤怒地告訴參加會議的 Google 公司高層：「如果你們這些傢伙敢拿 iPhone 的多點觸控技術來用，蘋果公司就一定會採取法律行動！」

　　面對口氣十分強硬的賈伯斯，Google 公司也不肯示弱，一位高管在接受採訪時這樣說道：「Google 公司不是那種會特別畏懼誰的公司，包括蘋果公司在內。」

　　由於雙方都不肯低頭，矛盾也就越加激烈了。當矛盾積累到一定程度時，合作關係的破裂就成了必然。

　　二〇〇九年八月，Google 公司的 CEO 埃里克·施密特退出了蘋果公司的董事會。當賈伯斯宣布施密特離開董事會時，他對大家強調說：「埃里克的退出，是因為 Google 公司不幸涉足了蘋果公司的核心業務。」

　　合作關係的破裂在一定程度上為蘋果公司和 Google 之間的「戰爭」拉開了帷幕。

　　二○○九年秋天，蘋果公司提出以六億美元收購處於快速成長期的移動廣告公司。移動廣告公司按照常例同意了蘋果公司提出的四十五天「非售」期，但蘋果公司沒有如期購買。

　　Google 公司聽說之後，竟迅速與移動廣告公司達成協議，以七點五億美元的價格買下了這家年僅四歲的收入微薄的公司。

　　蘋果公司聽到這個消息後，立即以三億美元收購了移動廣告公司的對手公司。

　　Google 針鋒相對，就在蘋果公司收購移動廣告公司的對手公司的那一天，推出了直接與 iPhone 競爭的移動廣告公司。

　　這一舉動更是惹惱了賈伯斯，他憤怒地表示：「Google 公司想要殺死 iPhone，我們絕不會讓他們得逞！」

　　在賈伯斯看來，Google 公司在蘋果公司沒有涉入搜尋領域的情況下進入手機領域，這一行為已經足以構成「背叛」，足以讓他火冒三丈。然而更讓賈伯斯想不到的是，手機領域根本就不能滿足 Google 公司的「野心」。它不但要侵占手機領域，還要搶占蘋果公司其他領域的市場份額。

　　二○○九年十月，Google 公司在美國市場推出了音樂搜尋服務，並與 Myspace、LaLaMedia 及 Pandora 等網站結盟。其意圖十分明顯，就是要對抗蘋果公司 iTunes 商店。利用 Google 公司的服務，用戶可以試聽至少三十秒的音樂片段，有時甚至是整首歌曲。

此外，Google 公司也開始研發自己的電腦操作系統ChromeOS，意在挑戰微軟和蘋果公司的操作系統。與此同時，Google 公司的網頁瀏覽器 Chrome 也開始與蘋果公司的 Safari 爭奪客戶。

激烈的競爭，很快又掀起了蘋果公司和 Google 公司的「口水戰」。氣憤難當的賈伯斯不止一次在公開場合用言語攻擊Google 公司。在一次演講中，賈伯斯輕蔑地稱 Google 公司的「不作惡」原則是胡扯。

在這之後，Google 公司立即作出了反應，但是它並不是用言語來回擊蘋果公司，而是為 NcxusOne 更新了多點觸控。

在雙方都不肯示弱的情況下，蘋果公司首先發難。二〇一〇年三月三日，蘋果公司正式起訴宏達國際集團。這一舉動表面上只是就知識產權進行訴訟，但實際上是蘋果公司在向Google 發難，因為宏達國際是 Google 公司的手機零件供應商。

這件訴訟案，Google 公司雖然不是受控的一方，但 Google 公司的高層已經表明了立場，他們堅決站在宏達國際這邊。蘋果公司與 Google 公司矛盾的加劇已經成了不可逆轉的事實。

面對行業中兩大巨頭的對峙，各界紛紛作出了自己的判斷。

哈佛學院的一位教授這樣說道：「我確定這場戰爭還會變得更加醜陋。要打擊蘋果公司，Google 公司一定會更加咄咄逼人。如果他們成功了，就會給蘋果公司和 iPhone 帶來巨大的價

格壓力。」

　　一位矽谷的投資人也用嚴重的字眼來形容這場競爭：「這簡直是第三次世界大戰。業界最強大的兩個人都被可怕的敵意支配著。」

　　業界人士也紛紛猜測蘋果公司會給予 Google 公司怎樣的打擊。多數人認為，蘋果公司會在 iPad 上採用微軟的「必應」作為首選搜尋工具，甚至還要推廣到 iPhone 上。這樣一來，iPhone 和 iPad 用戶無疑會放棄 Google 的搜尋選項。

　　關於人們對蘋果公司與 Google 公司之間的猜測，Google 公司的高層表示，這只是企業間的競爭，並不摻雜個人感情，所以也談不上什麼「敵意」。

　　無論人們如何猜測以及 Google 公司方面如何解釋，蘋果公司與 Google 公司之間的競爭已經進入白熱化階段的事實是誰也無法改變的。

　　後來，蘋果公司與 Google 公司之間的「戰火」已經蔓延到了中國。二〇一〇年七月，蘋果公司在上海浦東新開了一家旗艦店，這是蘋果公司大舉邁進中國市場的又一步。

　　當時，蘋果公司方面表示：「至二〇一一年時，蘋果公司要在中國開設二十五家分店。」意圖十分明顯，他們有產品線，又有旗艦店作為載體，因此要在中國打開廣闊的市場。

　　首先進入中國消費者眼界的是 iPhone，螢幕設計精緻且便

於操作的 iPhone 很快就在中國市場上掀起了一股消費熱潮。緊接著，平板電腦也順利進入中國市場。

此時，Google 公司當然也沒有閒著。透過 Android 系統，Google 公司讓許多手機品牌都安裝了越來越多的應用程式，從而豐富了手機功能，增強了手機的競爭力。

在美國，很多分析師認為開放的 Android 操作系統會最終趕上並超越 iPhone。但事實能否如此卻很難說準，因為中國市場是個相當複雜的市場。最起碼，蘋果公司生產自己的手機，它和富士康簽訂了在中國製造 iPhone 的合約。中國聯通是 iPhone 在中國地區的唯一營運商。由於中國聯通是營運商，那麼它就可以以協議價格買走蘋果公司的 iPhone，至於 iPhone 在中國的銷售價格以及銷售風險就與蘋果公司無關了。

不過事實上，iPhone 在中國市場的增長比中國聯通預計的要慢得多。雖然這並不影響蘋果公司的利潤，但在一定程度上說明蘋果公司在中國市場上的銷售並不是讓人很滿意。

而 Google 公司的盈利模式與蘋果公司完全不同，Google 公司依靠廣告收入和本地服務盈利。這種盈利模式在中國市場上有很大的問題，因為 Google 公司在中國有很多本地服務根本就不能提供。沒有政府授權的執照，Google 公司甚至不能用廣告收入抵消當地市場成本。

這就意味著，Google 公司在中國的盈利只能依靠自己的

設備供應商，然而供應商的利潤要比蘋果公司少很多，所以 Google 公司在行銷上可周轉的資金也不多。

Google 公司在中國市場受困的根本原因，在於中國移動和中國電信不肯多投入資金去推廣 Android 平台。儘管蘋果公司已經將 iPhone 在中國的銷售權全權交給了中國聯通，但中國移動從沒有放棄過爭取 iPhone 銷售權，這在很大程度上影響了中國移動對 Android 平台的投資。

除此之外，摩托羅拉將 Android 在中國的默認搜尋引擎換成了百度，這也影響了 Google 公司的收益。

綜合以上種種原因，儘管 Google 公司 Android 在中國市場上的銷量是 iPhone 的三倍，但事實上，Google 公司的收益卻遠不如蘋果公司多。

而對於蘋果公司和 Google 公司在中國市場上以後將會出現怎樣的競爭局面，關鍵還是取決於中國的消費者。蘋果公司的品牌影響力大，而且 iPhone 擁有最棒的用戶介面和最高的評價體驗，但其價格比其他手機貴很多。相對而言，採用 Google 公司 Android 系統的手機在價格上就會低百分之二三十。

消費者會怎麼選擇，將會成為蘋果公司與 Google 公司最為關注的問題，而這也是評價在中國市場上成功還是失敗的唯一標準。

而在全球市場上，競爭的因素也取決於人才。要繼續維持

創新步伐，蘋果公司當前所面臨的最大挑戰不是缺乏想像力、調整路線圖，或無法預測未來趨勢，而是如何找到優秀的人才來實現其未來目標。

毫無疑問，面臨人才問題的不僅限於蘋果公司一家。Google、雅虎等公司，甚至微軟公司均面臨同樣的問題。與過去相比，當前越來越多的企業更願意收購一些小型企業，不僅僅是為了他們的產品，更重要的是希望獲得他們的工程技術人才。

科技市場對於人才的需求一直都是如此，但智慧手機市場的激烈競爭將企業創新能力推上前所未有的高度。我們打開蘋果公司網站應徵頁面，會看到許多職位面向開發人員開放，這意味著隨之各種平台之間競爭在加劇。

Google 公司 Android 系統也在繼續完善，但如果應徵不到所需人才怎麼辦？蘋果公司也是如此，如果應徵不到所需團隊又會怎樣？這意味著技術革新速度將進入一個相對穩定的時期。

當然，挑戰中也存在機會。蘋果、Google 和其他公司在某種程度上針對同一市場，但某些企業可能會透過差異化來獲得競爭優勢。例如，把更多的精力放在產品功能或服務上。

在解決人才缺乏問題上，蘋果公司處於最有利地位，因為蘋果公司最善於管理有限的資源。其最主要的技巧之一就是，能夠想像出一款全功能的產品，然後再根據基本需求進行刪減，最終打造出一款完美的產品。

蘋果公司產品的前瞻性並不是一門精密科學，但隨著蘋果公司和 Google 公司之間競爭的日益激烈，相信賈伯斯不會放慢推出「神奇」產品的步伐。他將繼續展現自己的才華，預測市場的未來走向，洞悉消費者的未來需求。

面對挑戰尋找機遇

蘋果公司不但與 Google 公司之間存在著激烈的競爭，而且作為最具創新能力的企業，自然成了很多企業效仿的榜樣。那麼蘋果公司就面臨著兩種選擇：是讓模仿者「生」，還是要模仿者「死」？

賈伯斯心中自有一個標準，那就是「學蘋果公司者生，似蘋果公司者死」。

先模仿，之後在模仿中創新，幾乎是每個企業的發展之道。對很多企業尤其是剛剛起步的公司而言，模仿的確是通向成功的一條捷徑，因此一些成功的企業難免就會成為模仿的對象。當然模仿並不意味著一定能成功，相反有時候模仿會讓企業更快地走向死亡。

既然是個性苛刻的賈伯斯定的標準，那麼這個標準自然是不容易把握的。

儘管賈伯斯定的標準十分苛刻，但是模仿者還是前僕後繼地湧來。尤其是在蘋果公司 iPod 推出之後，更是在全球掀起了

一股轟轟烈烈地向蘋果公司學習的熱潮。事實上，的確很少有模仿者能很好地把握「學」與「似」之間的這個度。

然而就在蘋果公司的產品在全球範圍內遭遇模仿和抄襲的時候，賈伯斯卻一點也不擔心，甚至還輕蔑地說道：「那些產品就算是人家白送你一台，你也不會拿來用。」

賈伯斯的信心不僅僅來自於蘋果公司完善的知識產權維護體系，更來自於公司超強的創新能力。蘋果公司可以說是整個行業的引領者，引領著眾多的模仿者不斷向前發展，但沒有一個模仿者可以取代蘋果公司的位置，更別說超越蘋果公司了。

蘋果公司之所以能夠一直維持著「霸主」的地位，正是由於它出色的創新能力。

蘋果公司 iPod 優雅的造型以及新穎的設計，體現了蘋果公司產品獨有的靈感和風格，這是任何模仿者都難以模仿到的。因為就在那些模仿者還在揣摩 iPod 機型並推出相應的競爭產品時，蘋果公司卻已經在開發新產品了。

二〇〇五年，蘋果公司連續推出了 iPodshuffle、Mac mini、iPodnano 以及具有影片播放功能的 iPod 新品，進一步確保了自己在這一市場上的主導地位。

iPod 推出後不久，戴爾就研製出了三款與 iPod 極為相似的數位音樂播放器。然而僅僅銷售了三個月，慘淡的銷售業績就讓戴爾不得不撤掉了這三款機型。

不僅僅是戴爾，Sony 和三星等許多知名電子商也相繼碰了壁。儘管這些知名電子製造商擁有比蘋果公司更多的資源，但在數位音樂播放器市場上卻始終無法與蘋果公司抗衡。

根據市場研究公司 IPD 集團公布的數據顯示，二〇〇七年一月至十一月期間，蘋果公司在全球數位音樂播放器市場占據了百分之六十九的市場份額，而主要競爭對手創新科技和三星電子的市場份額均沒有達到百分之十。儘管他們大多數都採用了模仿蘋果公司這條捷徑，但還是被蘋果公司遠遠地拋在了後面。

這種情況的出現，正是得益於蘋果公司的創新能力，當然蘋果公司的創新也不是毫無根據的創新。從技術上講，MP3 並不是蘋果公司發明的，網路音樂下載也不是蘋果公司的首創，但將兩者結合起來就是蘋果公司的創新。

創新是什麼，說白了，就是做別人沒有做過的。iPod 之所以能稱霸音樂市場，也正是因為蘋果公司創造性地將「產品」和「內容」融為一體。

在一次採訪中，賈伯斯這樣告訴記者：

蘋果公司目前的處境可以說是非常微妙。各位大概知道，市面上幾乎每一片 CD 裡的每一首歌曲，都是「Mac」的產物——從錄製、混音到母片燒製，全部都由「Mac」一手包辦。

我所遇見過的藝人，幾乎每個人手裡都有一台 iPod，我所見過的唱片公司老闆，也幾乎人手一台 iPod。

　　蘋果公司之所以能夠達到這樣的地步，其中主要的原因之一是，蘋果公司被視為音樂產業最具有創意的公司，一如其被視為科技產業裡最富創意的企業一般。而如今，我們又首開風氣，開了一家網上音樂商店，這可不是隨隨便便就能抄襲成功的。

　　據說微軟公司打算模仿我們，在六個月內開一家類似的網上音樂商店。這雖然不能等閒視之，不過也不是嘴巴上說說那麼簡單。

　　人們可能認為賈伯斯過於狂妄了，又或許是許多其他公司認為自己有實力透過模仿進而超越蘋果公司，總之，模仿蘋果公司從來都沒有減少的趨勢。然而即使模仿蘋果公司可能會獲得巨大的成功，公司也不能將所有的希望都寄託在模仿之中。因為賈伯斯讓世人看到的事實是——似蘋果公司者死！

　　這個教訓從 Psystar 的敗訴中就可吸取。

　　二〇〇八年七月三日，蘋果公司向北加州的聯邦地方法院提交訴狀，正式控告銷售「Mac」組裝版電腦的製造商公司。

　　這個公司是一家位於美國佛羅里達州的小電腦公司，除硬體銷售外，也為中小型企業提供 IT 顧問服務。二〇〇八年四月，該公司開始銷售搭配蘋果公司 Mac OS 的桌上型電腦。正是因為銷售這種電腦讓這個公司一舉成名。

　　賈伯斯在發現這個公司的產品有違反蘋果公司操作系統使用條款的規定後，他立即採取了法律手段。在訴訟狀中，蘋果公

司提出了以下幾點：這個公司侵犯著作權、誘導侵犯著作權、違反商業契約以及侵犯徽標。

賈伯斯要求法院對這些發出禁止令，這個公司賠償蘋果公司的損失並交出獲利，同時，召回已經售出的台式電腦，以及採取其他補救措施。

蘋果公司代表在媒體面前鄭重地說道：「當我們相信有人盜用了我們的知識產權後，我們會非常嚴肅地看待。」

至於這個公司，他們對這件訴訟案並沒有發表任何言論。

經過長達四個月的艱苦訴訟後，二○○八年十一月份，蘋果公司控告這個公司侵權一案終於落下了帷幕。美國聯邦地方法院決定接受蘋果公司對簡易判決的要求，並否決這個公司的抗辯。

法院認定這個公司侵犯了蘋果公司的獨家再製作權利以及創造衍生作品的權利。

針對這一罪名，這個公司主張公平使用。法官予以否決，否決的理由為，該公司甚至沒有試圖提出符合公平使用四要件的狀況。

另外，為了爭取訴訟的勝利，這個公司還主張第一次銷售原則，也就是著作權產品在第一次賣給某人後，著作權人的權利就失去了，購買方可將產品再賣出。

　　法官則認為，第一銷售原則僅適用於合法的產品，不包括這個公司製作的未授權版本。

　　最終該案以蘋果公司的全面勝利而結束。此後，這個公司只能出售三款能夠使用蘋果公司操作系統的台式電腦，而且每台電腦的售價遠遠低於蘋果公司電腦。

　　這個公司的慘敗，讓模仿蘋果公司的其他公司不得不更加小心。要效仿蘋果公司不是不可以，但一定要按照賈伯斯的要求來做，即「學蘋果公司者生，似蘋果公司者死」。要跟上蘋果公司，就必須跟著賈伯斯走，這是個不爭的事實。因為主要的原因是——賈伯斯有非凡的能力！

　　幾年來，蘋果公司令人眼紅的業績證明了賈伯斯的能力。如今，日漸消瘦的他仍然擔任著蘋果公司的 CEO，而在他的帶領下蘋果公司會走向怎樣的未來是很多人都關注的問題。

　　人們既然關注蘋果公司的未來，那就不得不旁顧到蘋果公司所在市場的競爭情況以及各大競爭對手的發展情況。

　　在當今的美國電腦行業中，要說備受尊崇的人物，人們第一個想到的一定會是微軟公司的領軍人比爾·蓋茲。微軟公司不僅占領著世界電腦行業的霸主地位，也為比爾·蓋茲創下了巨額的財富。一直以來，微軟公司都是蘋果公司強勁的競爭對手。未來究竟是誰引領電腦行業，目前還不能確定，但可以確定的是，兩個公司的競爭必然會更加激烈。

《時代》雜誌對蓋茲和賈伯斯這兩個人這樣評價：

在某種意義上，賈伯斯是蓋茲的對抗者；他是一個硬體大師，而不是一個軟體大師；他是一個開拓者，而不是一個跟隨者；他是一個創造者，而不是一個複製者；他是一個提倡打破舊習的人，而不是行業標準的統合者。

相較於蓋茲的理性，賈伯斯顯得十分感性。無論是理性還是感性，要在未來獲得更好的發展，就看哪種能更好地適用於時代了。

與公司競爭十分激烈的情況相反的是，賈伯斯與蓋茲之間的私人關係卻溫和了許多。在 二〇〇七年的一次公開會晤上，賈伯斯與蓋茲的態度都顯得十分謙遜。

當被問到如何看待對方在電腦行業中的貢獻時，賈伯斯說道：「比爾建立了行業中第一家軟體公司，而且是一家大公司。我想他是在業內的所有人都還不知道什麼是軟體公司的時候就建立了第一家軟體企業。比爾完全專注於軟體行業。」

而蓋茲也毫不吝嗇對賈伯斯的讚美：「首先，我需要澄清，我不是假賈伯斯。賈伯斯的成就非常顯著。它擁有令人難以置信的品位和高雅。他永遠活在未來，能夠明確指出明天的方向。蘋果公司一直在追尋這樣的夢想——打造我們想要用的產品。他總是能指出行業的下一步動作，整個行業都能從他的工作中受益。」

　　在被問到如何看待微軟時，賈伯斯說：「蘋果公司是一家把美麗軟體裝進美麗盒子裡的公司，蘋果公司從本質上來說和微軟一樣也是一家軟體公司。偉大的科學家阿倫·凱說過『熱愛軟體的人會希望製造自己的硬體』這樣一句話。除了微軟公司以外，我看不到任何一個例子將硬體和軟體結合得這麼好。」

　　賈伯斯這樣盛讚微軟公司，與之前他對微軟公司的態度截然不同。在這之前，賈伯斯都是用苛刻的言語抨擊微軟公司：「微軟公司唯一的問題就是沒有品位，他們絕對沒有品位。我想我有些悲傷，但不是因為微軟公司的成功，而是因為雖然它們掙了足夠多的錢，但僅僅是在製造三流產品。」

　　賈伯斯甚至一度認為微軟是一個惡劣的抄襲者：「我們的朋友微軟公司在研發新產品上花費了五十億美元，但是最近他們卻在試圖抄襲 Google 公司和蘋果公司，我認為這是『金錢並非萬能』的有力佐證。」

　　無論賈伯斯是出於怎樣一種心態，人們可以看到的事實是，蘋果公司和微軟公司的競爭已經不單單是在電腦行業了。比爾·蓋茲表示，微軟公司將與硬體合作夥伴攜手開發新型數位媒體設備，以挑戰蘋果公司 iPod 數位音樂播放器的霸主地位。這就表示以後在音樂界也會出現微軟公司和蘋果公司的激烈競爭。

　　在音樂界，蘋果公司面臨的不僅僅是微軟這個實力雄厚的對手，還有亞馬遜、Sony、三星等實力強勁的對手。音樂下載

的巨大市場吸引了眾多知名的大型公司，在這個市場上必然會出現一場激烈的角逐。

除了電腦和音樂下載之外，蘋果公司在手機領域也面臨著巨大的挑戰。先不說 Nokia、摩托羅拉等國際知名的手機品牌，單是後來涉足手機領域的 Google 公司就是蘋果公司不可小瞧的對手。

從合作 iPhone 到分道揚鑣，蘋果公司和 Google 公司之間的矛盾也逐漸公開化。Google 公司與蘋果公司競爭的意圖十分明顯，從手機到音樂領域，Google 都逐漸涉入，這對蘋果公司來說，自然不是什麼好事。

除了面臨競爭對手的威脅外，在產品上，蘋果公司也面臨著巨大的挑戰。

過去，在電腦行業中，蘋果公司一直控制著產品的每一個要素和環節。但是進入手機領域後就不同了，iPhone 想要獲得成功，短時間內還離不開美國第二大無線營運商 Cingular 公司的網路品質和客戶服務品質。同時，由於跟 Cingular 公司合作的關係，蘋果公司也將全部的賭注押在了 GSM 上面。

另外，由於 iPhone 使用的瀏覽器也是蘋果公司自己的 Safari，因此消費者到底能夠獲得什麼樣的上網速度還有待證實。雖然 iPod 的按鍵和軟體介面設計得相當成功，但是消費者還是不願意看見 iPhone 變成另外一款 iPod。

　　此外還有一個問題，那就是 iPhone 這個品牌名稱的問題。因為思科自從二〇〇〇年收購 Infogear 公司之後就擁有了這個品牌的所有權。儘管蘋果公司一直在與思科公司就 iPhone 品牌的所有權轉讓進行協商，但是雙方還未達成任何協議。這一系列的問題都會影響蘋果公司未來的趨勢，而蘋果公司想要走得更好，走得更遠，就必須搬走這些「絆腳石」。

　　當然蘋果公司除了要面臨巨大的挑戰，也有不少的機遇。

　　一直以來，讓賈伯斯最引以為驕傲的就是蘋果公司的創新能力。iTunes 上的音樂商店、五彩繽紛的 iPod、App store 多達七萬五千個第三方應用，蘋果公司在創新上總是把它的競爭對手遠遠地拋在身後。只要創新不斷，蘋果公司就不會停止發展的腳步。

　　如今蘋果公司的發展勢頭，已經不單單來自於它的電腦業務，更多的創新延伸到了蘋果公司其他的業務之中，這無疑是將公司的發展範圍拓寬了。音樂界以及手機領域的廣闊市場，對蘋果公司來講也絕對是個機遇。

　　對於未來如何抓住發展機遇，賈伯斯有著自己獨特的想法。據國外媒體稱，在年度股東大會上，賈伯斯在被問及蘋果公司是否會利用所持有的現金餘額來支付股息的問題時，他回答說：「蘋果公司能透過持有現金的方式保持巨大的安全性和靈活性。」暗示他不太支持這種想法。

與此同時，賈伯斯的話也讓人們了解到了一個事實——蘋果公司握有大量的現金。這與其他公司極其不同，一般上規模的公司都不會在公司中留有大量現金，而賈伯斯卻偏要這麼做。賈伯斯這麼做，自然有他的道理。在他看來，擁有大量的現金，才能保證蘋果公司毫無顧忌地進行併購，即使在全球經濟不景氣的情況下，蘋果公司也有現金可以維持公司的運作。

二〇〇九年，由於殘酷的競爭，很多 IT 企業為了生存而苦苦掙扎，但蘋果公司股價卻翻了一倍。從 二〇〇九年一月至十月，短短十個月，蘋果公司的股價上漲了百分之兩百三十六，這對任何公司來說都是個奇蹟，而這正是賈伯斯的高明之處。

而且，賈伯斯在這期間有很長一段時間都沒有到蘋果公司上班，因為那時他正為肝臟移植手術四處奔波。人們無法想像，一個沒有領軍人現場指揮的公司在經濟衰退期間股價瘋狂上漲，這該是怎樣的一個企業！

應對新產品的挫折

二〇一〇年，美國舊金山當地時間六月七日上午十點，蘋果公司全球開發者大會在舊金山會展中心正式開幕。賈伯斯在會場上發布了全新 iPhone 第四代手機，型號為 iPhone4。

在 iPhone4 的發布會上，賈伯斯最開始強調的一點就是這款手機的全新外觀設計。僅有九點三毫米的厚度，震驚了全場的

觀眾。這樣的厚度可以說是突破了全球最薄智慧機的紀錄，相對於 iPhone3GS 十二點三毫米的厚度，iPhone4 變薄了百分之二十四。

iPhone4 之所以能夠做到這麼薄，最主要的原因就是 iPhone4 將手機的天線和邊框整合到了一起，側邊的不鏽鋼框架分為兩段，充當兩個天線。其中一條負責藍牙、Wi－Fi 和 GPS 訊號的接收，而另一邊則負責 UMTS 和 GSM 手機訊號接收。這一設計使手機的厚度減薄了許多。

iPhone4 除了厚度上的突破外，在外形上還有兩點是與眾不同的——全新設計的按鍵風格和鋼化玻璃的手機面板。因此在外觀效果上，iPhone4 不僅堅固實用，也很美觀。

除了外觀方面的升級，iPhone4 手機在功能上的完善也非常顯著。據專業人士分析，iPhone4 手機在功能上遠遠超過了 iPhone3GS 手機，升級之處多達百項。

賈伯斯作為會議主辦人，他在發布會上自己的主題演講中重點講到了功能上的六項最主要的改進。其中硬體方面包括三軸陀螺儀、A4 處理器、全新的拍攝系統等。在系統和軟體方面包括 iBooks 的引入、iOS4 的裝載，以及 iAds 廣告系統和影片通話功能的加入。

這樣功能強大的機型，在價格上反而降低了不少。相較於蘋果公司產品一直以來的「貴族」價格，iPhone4 手機的價格

確實讓愛好蘋果公司品牌的消費者鬆了一大口氣。

iPhone4 手機由於採用了三軸陀螺儀，徹底顛覆了用戶的遊戲體驗。相較於其他功能的提升，唯有這項是全新加入的硬體。三軸陀螺儀讓 iPhone4 手機能夠靈敏地感應到三個維度的方向變化，這樣一來，手機對動作感應的能力就會大大增強。

賈伯斯預言：「動作感應能力的增強對愛好重力遊戲的用戶來講，將會是全新的體驗。」

賈伯斯在發布會上並沒有重點提及 A4 處理器的採用。但值得注意的一點是，賈伯斯強調了 iPhone4 手機的電池能耗情況。事實上，相對於 iPhone3GS 手機的電池能耗來講，iPhone4 手機並沒有顯著提升。在加入 A4 處理器後，電池能耗沒有下降，這本身就已經是一種很大的進步了。

iPhone4 手機全新的拍攝系統是最出乎消費者意料的，五百萬像素的拍照支持了 720P 高清影片拍攝，讓消費者感受到了前所未有的手機拍照體驗。按照賈伯斯的說法：「iPhone4 手機採用了一種成像元件，成像能力上有很大的提升。」

iPhone4 手機除了上述方面的提升外，它的顯示技術也遠遠超出了業界水準。顯示螢幕的解析度達到了 800 ：1 的高對比度，提升至 iPhone3GS 手機的四倍。

此外，iPhone4 手機還加入了 IPS 寬可視角度技術。這一系列硬體功能的提升，遠遠超出了人們對手機硬體功能的想像。

　　同時，iPhone4 手機在系統和軟體方面也讓人們感受到了蘋果公司那無人可及的技術實力。擁有海量圖書的 iBooks 商店是與 iPad 一起推出的，在正式加入 iPhone4 手機之前，該商店也進行了一系列的升級，不僅可以閱讀網上購買的圖書，還可以閱讀 PDF 文檔、做筆記。同時書籤系統也有升級，iBooks 可以同步用戶的位置和書籤訊息。

　　就像許多人意料的那樣，iPhone4 手機裝載了 iOS4，這樣用戶不僅可以一邊聽歌、下載，還可以一邊上網、收發郵件；而且 iOS4 還支持對程式進行文件夾歸檔管理，有更好的數據保護功能。

　　此外，iPhone4 手機還支持多個 Exchange 帳戶登錄，除了 Exchange Serve2010，同時還支持 SSL VPN 網路連接。iAd 廣告系統的加入，對 AppStore 裡的開發者來說，絕對是一件好事。

　　iPhone4 手機另外一個軟體方面的升級，就是影片通話，Facetime 影片通話與之前的影片通話是有很大不同的。Facetime 影片通話在沒有任何設置的情況下，就可以支持兩部 iPhone4 手機在 Wi － Fi 可用的環境中進行影片通話。

　　進行了這麼多功能升級的 iPhone4 手機最低售價只有幾百美元。事實上，iPhone4 手機 16GB 和 32GB 版本的簽約價格分別是一百九十九美元和兩百九十九美元。

二〇一〇年六月二十二日，iPhone4 手機在美國、英國、法國、德國和日本搶先上市，當時提供了黑、白兩種顏色供消費者選擇，並計劃在九月底推廣到至少八十八個國家。

在 iPhone4 手機發布會上，賈伯斯滿懷激情地盛讚 iPhone4 手機為「最美的產品」。事實的確如此，iPhone4 手機一系列的功能升級引領著蘋果公司走上了一條產品升級的道路。

但是，雖然 iPhone4 手機的前途是光明的，道路卻注定是曲折的，就在人們都在期待未來蘋果公司又將帶來怎樣的驚喜時，iPhone4 手機卻遭遇了「滑鐵盧」。iPhone 自二〇〇七年上市以來，第一次遭遇了大麻煩。

這個麻煩的根源，是手機訊號。iPhone4 手機的消費者普遍反映手機的訊號不太好，有人更是致電蘋果公司售後或者客服詢問緣由。

不久，各種蘋果公司手機「天線門」的新聞見諸報端，而且有愈演愈烈之勢。形勢使得賈伯斯不得不重新站出來解決問題。

於是，在美國當地時間二〇一〇年七月十七日，蘋果公司在加州總部舉行了有關 iPhone4 手機訊號問題的新聞發布會。

賈伯斯的開場白一改往日高調姿態，他誠懇地對大家說：「我們蘋果公司不是完美的，當然也不能要求 iPhone 手機是完美的。」

另外，賈伯斯承認，當用戶以某種方式握持 iPhone4 手機

時，iPhone4 手機確實會出現訊號丟失問題。而對此，賈伯斯給出的解決方案是：為九月三十日之前購買 iPhone4 手機的用戶免費提供一部手機保護套。

此前，由於 iPhone4 手機訊號問題，蘋果公司在美國遭到了用戶的集體起訴。而在中國，訊號危機爆發後，水貨市場上 iPhone4 手機的價格暴跌了百分之十五。這次危機的的確確給勢頭正勁的蘋果公司當頭一棒。

其實，在 iPhone4 手機之前，前幾代 iPhone 也或多或少存在訊號方面的問題，只不過這次正好趕在了風口浪尖上了。

據一位知情人士透露，蘋果公司高級工程師和天線專家魯賓卡巴萊羅曾在 iPhone4 手機早期設計階段提醒賈伯斯 iPhone 天線有問題，而且很可能會導致通話中斷。

另外，在六月二十四日 iPhone4 手機正式發布之前，有家營運商合作夥伴也對天線設計問題向蘋果公司提出了質疑。

而實際上，早在 iPhone4 手機開賣三四天、銷量超過一百七十萬部時，也就已經有用戶投訴，他們發現如果用手掌擋住電話外緣的一個角落，電話訊號就會減弱。

不論是消費者的投訴還是媒體的指責，都不能對賈伯斯構成真正的壓力。這次一向高調、自信的賈伯斯之所以在新聞發布會上證實根據蘋果公司內部測試，iPhone4 手機漏接電話的比率比 iPhone3GS 手機要多，其原因在於一篇評測報導。

　　美國當地時間七月十二日，在美國影響力巨大的《消費者報告》雜誌刊登文章稱：「蘋果公司剛剛發布不久的核心產品iPhone4 手機存在硬體問題。」

　　《消費者報告》雜誌是一本在美國家喻戶曉的雜誌，它常對汽車、家電等日常消費品進行獨立評測，其廣泛的讀者群及接近專業化的評測在社會受眾中都具有舉足輕重的參考與實用價值。

　　事實確實如此，蘋果公司工程師那時剛剛完成對蘋果公司iPhone4 手機的測試，並已確認這款手機訊號接收問題的根源是天線存在缺陷。

　　這次的報導導致的直接結果是，七月十三日，蘋果公司股價在那斯達克的常規交易中下跌十點八六美元，至兩百四十六點四三美元，跌幅百分之四點二，這一跌幅創下兩個星期以來的最高水準。

　　賈伯斯一生曾多次面對世人的指責聲與質疑聲，所以對這一次的 iPhone4 手機上市「滑鐵盧」，賈伯斯仍然選擇從容面對，他只是貌似不經意間的兩招就把世人的嘴堵上了。

　　首先，第一招，避重就輕地解決問題。在新聞發布會上，賈伯斯表示：「每位購買 iPhone4 手機的消費者都可免費獲得一個保險桿護套，已經購買了這款附件的消費者將獲得相應的補償。如果用戶仍然不滿意的話，可以在三十天內退貨，只要手機沒有被人為損壞，就可獲得全額退款。為用戶免費提供軟膠保護

套的方案將一直持續至九月三十日，屆時蘋果公司將重新對此問題進行評估，或許到時候會修改相關政策。」

雖然在明眼人看來，上述舉動的誠意仍然不夠。更有分析師預估，保險桿護套的成本約三五美元，以蘋果公司預計至二〇一一年夏季前可賣出三千六百萬部 iPhone4 實際來計算，整個成本最多約為一點八億美元。賈伯斯之所以這樣做，顯然是在避重就輕，比起銷售手機所帶來的利潤，區區一點八億美元只是九牛之一毛而已。

對於這樣的解決方案，廣大蘋果公司的追捧者和手機經銷商顯然非常買帳。就在新聞發布會後，儘管賈伯斯「坦蕩」地承認天線的確有問題，也不能阻擋 iPhone4 在全球的熱賣，截至十七日當天，蘋果公司共售出了三百萬台。

賈伯斯之所以能夠成功度過這次危機，還有至關重要的一招——那就是把其他智慧手機廠商也「拉下水」。

在十七日的新聞發布會上，賈伯斯不但承認了蘋果公司手機在設計上的確存在問題，更在解釋 iPhone 訊號問題時，把 RIM 公司的黑莓，以及 Nokia、摩托羅拉、HTC 的智慧手機產品一塊兒搭上了。對此，賈伯斯說：「各款智慧手機都有因為握姿不同而導致訊號不佳的情況。」

然而這一舉動，著實讓本來準備看好戲的那些智慧機大人物們有些措手不及，紛紛透過各種方式發聲。

　　RIM 公司的兩位聯席 CEO 第一時間發了公開信。信中稱：「蘋果公司關於 RIM 產品的說法意圖歪曲公眾對於天線設計問題的理解，以幫助其擺脫目前困局。RIM 公司已經拋棄了像蘋果公司在 iPhone4 手機中使用的設計，而是採用了可以有效減少通話中斷的創新設計。可以肯定的是，RIM 的客戶並不需要採用某種特殊的方式來使他們的 BlackBerry 智慧手機保持連接。蘋果公司既然作出了這樣的設計決策，就應該承擔起責任，而不是試圖把 RIM 和其他公司也置於同樣的境地。」

　　摩托羅拉主管手機業務的聯席 CEO 也表示：「蘋果公司指出所有手機都與 iPhone4 一樣存在天線問題是沒有誠意的行為。」

　　此前曾發布「手機握姿指南」嘲諷蘋果公司的 Nokia 此次表現得較為溫和，Nokia 在一份聲明中表示：「當天線設計與天線性能發生衝突時，Nokia 注重的是性能。」

　　HTC 則透過數據回擊了賈伯斯。HTC 稱：「我們『被演示』的產品 Droid Eris 的用戶投訴率為 iPhone4 的四分之一。」

　　不管怎樣，賈伯斯這一招無非又是一劑強心劑，在消費者看來，既然所有智慧機都有這樣的情況，那麼自己又何必對 iPhone4 手機要求過高而單單指責賈伯斯呢？！如此一來，自然也就平息了之前的憤怒。

　　事實也強有力地證明了，賈伯斯這兩記狠招取得了成功。

有媒體稱，在調查蘋果公司各大支柱產品的銷售情況時發現，Mac 和 iPod 沒有任何供貨問題，iPad 和 iPhone 供貨則存在滯後，處於「造一台賣一台」的狀況，客戶等待時間超出公司預期。

開發先進平板電腦

自從二〇〇九年上市 iPad 以後，蘋果公司並沒有停止它在平板電腦開發上的步伐，而是在賈伯斯的帶領下繼續前進。

二〇一一年三月二日，賈伯斯十分意外地現身在舊金山芳草地藝術中心的春季蘋果公司新產品發布會上，發布新一代平板電腦 iPad2。新款產品不但速度更快、更輕、更薄，而且配備前後攝影鏡頭。相較於之前的 iPad 的不完美之處，都相應地有所彌補和升級。

賈伯斯是個名副其實的「工作狂」，幾乎每一次的新品發布會他都會親力親為，發揮他那頗具「魔力」的演說功力。伴隨著媒體和研發團隊的入場，賈伯斯也登場了，從一月因身體不適請病假休養以來，這次是他首度在公眾場合中露面。

只見他穿著招牌服裝——黑色高領套頭衫和牛仔褲，顯得憔悴但活力充沛。大家都期待地看著賈伯斯。他一開口就說：「我們研發這項產品花了不少時間，我不想錯過這個重大日子……」

其實，早在發布會之前，新一代平板電腦已經吊足了廣大

蘋果公司迷的胃口。不同於之前「iPhone4 手機天線門」，這次又是「新一代平板電腦設計洩露門」。

在蘋果公司正式發布 iPhone4 手機幾個月之前，數位部落格 Gizmodo 卻拿到了 iPhone4 手機的原型機。據美國著名《連線》雜誌爆料稱，原來，這部原型機是一名蘋果公司工程師在酒吧喝酒時不小心丟失的，後來被酒吧巡視員萊恩·霍根撿到，並以五千美元的高價轉手賣給了 Gizmodo 網站。

隨後，網站就將這部 iPhone4 手機原型機幾乎所有的潛力都壓榨了出來，甚至將這部 iPhone4 手機原型機拆解，研究其內部新硬體以博得急遽飆升的瀏覽量。對此，蘋果公司方面則認為這部設備是被偷竊的，繼而要求警方搜查網站編輯傑森·陳的住所並帶走其電腦。

儘管這部 iPhone4 手機原型機為網站帶來了各種麻煩，卻也著實為網站做了免費宣傳。蘋果公司雖然將兩名拾獲並出售的賣家以刑事犯罪告上法院並獲得法庭支持，但是網站並沒有受到處罰。相反地，在 iPhone4 手機發布前後數月內，網站在自己的所有頁面上，掛上該事件的宣傳連結。

要知道，對於蘋果公司這家擁有嚴格保密傳統的公司，這種洩密事件是前所未有的。蘋果公司新品上市前，總會爆出頗具離奇性的故事。

在經歷了去年 iPhone4 原型機丟失事件後，新一代平板電

腦的上市之旅同樣沒有逃過這一「魔咒」。

　　據臺灣媒體報導稱，在新一代平板電腦尚未上市時，眾多山寨商已經推出山寨版新一代平板電腦保護套。

　　二〇一一年一月七日在美國拉斯維加斯開幕的 CES 國際電子消費展上，新一代平板電腦還沒到卻已出現了新一代平板電腦保護套的身影。不久後設計洩密者曝光，據說是由鴻海集團富士康員工主動洩密給山寨廠商，才會發生新一代平板電腦未上市，周邊商品卻搶先曝光的事情。後來又有消息稱，為此，相關員工已經被訴。

　　其實，早在二〇一〇年新一代平板電腦尚未上市時，中國內地網路及部分賣場上就可以搶先看到山寨版的保護套，由於產品的幾個預留孔位置與網路上流傳的新一代平板電腦照片位置相當類似，不但引發消費者關注，就連主力代工廠富士康也被驚動。

　　在產品上架後，負責製造的富士康科技馬上向警方報案。經偵查發現，是富士康技術部員工在二〇一〇年十二月二十六日外洩設計圖，交由外圍負責組織生產銷售。

　　消息傳來的第一時間，富士康董事長郭台銘十分生氣，同時還下令嚴查，最後將涉案者三人以侵犯商業祕密罪起訴。至此，「洩密門」告一段落。

　　我們不能說賈伯斯及其團隊如此熟稔這樣的行銷戰術，因

為這些都是一些媒體的一面之詞，但不得不承認這樣的「巧合」的確造成了很好的宣傳和推動作用。

經歷了這一系列的事件以後，人們心理上對新一代平板電腦的期待值更高了。

這邊的發布會仍在進行中，出席這次發布會的除了剛剛病休歸來的賈伯斯以外，還有蘋果公司的首席營運官提姆·庫克，會場上播放著賈伯斯最愛的披頭四樂隊的歌曲，按照以往習慣擺放著新品發布會的陳設。

賈伯斯充滿激情地介紹完了一些產品的更新後，終於推出了當天的重頭戲，隨後，大螢幕上顯示出新一代平板電腦的字樣。

賈伯斯帶著他一貫的幽默對大家說：

這第一年我們做得非常出色，我們也願意繼續保持這樣。那二○一一年如何呢？大家都有平板電腦了。二○一一年會是山寨橫行的一年嗎？如果我們什麼也不做，有一點可能會，但那不大可能。

賈伯斯說這話一點不假，蘋果公司並沒有因為領先而不思進取。因此，他帶來了蘋果公司的最新力作——新一代平板電腦。

由於平板電腦市場的競爭越來越激烈，賈伯斯在發布會上不僅談論新款平板電腦的功能，也抨擊了蘋果公司的競爭對手。

賈伯斯表示，這些競爭對手是「盲目的模仿者」，它們的產品在功能和價格上甚至無法匹敵第一代平板電腦。在其他廠商還在倉促模仿第一代平板電腦之時，發布新一代平板電腦將使競爭的標竿大幅前移，很可能導致其他廠商回過頭去「重起爐灶」。

然而，新一代平板電腦有這樣的能力。首先是新一代平板電腦的厚度和重量。其厚度僅八點八毫米，而第一代則是十三點四毫米。賈伯斯這樣形容新一代平板電腦的厚度：「新一代平板電腦實際上較 iPhone4 手機更薄，是顯著的薄，不是薄一點，而是薄了三分之一。」新一代平板電腦重量僅一點三磅，較原先版本一點五磅更輕，將有黑白兩款機身。電池續航力與先前相同約十小時，待機時間達一個月。

賈伯斯又說，其次，新一代平板電腦售價與先前相同，介於四百九十九至八百二十九美元之間。預定三月十一日在美國上市，包括日本、法國和德國等另外二十六個國家則於三月二十五日推出。

另外，賈伯斯指出：「新一代平板電腦採用更快的雙核處理器、圖形核心、單晶片整合設計。不但速度顯著加快，而且在這個裝置上圖像非常棒。」

新一代平板電腦前後兩個攝影機以及支持兩種 3G 網路，可透過電腦影片通話，後置攝影機支持 720P 高清影片拍攝。這更是滿足了各種人群的社交、商務和娛樂三重需求。

　　一向注重產品外觀的賈伯斯，這次仍然不例外。新一代平板電腦擁有超炫酷的智慧蓋，邊緣稜角也更為圓滑，弧度自然延伸到了背部的平面上，內置麥克風更從耳機接口旁移到了頂端正中央，而背後的揚聲器開孔也相應地增大了許多。

　　發布會的尾聲中，賈伯斯仍然不忘給人們帶來驚喜，更是為廣大「果粉」們送上兩大禮物：

　　第一個禮物，就是 iOS 4.3 將伴隨新一代平板電腦到來。

　　iOS 4.3 帶來的新特性是：第一，Safari 瀏覽器性能大幅提升；第二，iTunes 家庭共享功能；第三，AirPlay 功能改進；第四，新一代平板電腦側面開關可設定為靜音或旋轉鎖；第五，個人熱點網路連接共享功能；第六，內置攝影機。

　　第二件禮物可以說是新一代平板電腦的周邊產品了，細心又早已吃透消費心理的賈伯斯為大家準備了兩款新外設。

　　除此之外，賈伯斯還說：「我們為第一代 iPad 打造了一款專用保護套，它表現得非常良好。不過想想我們花了那麼多時間設計 iPad，卻又要把它捂得嚴嚴實實，未免太可惜了。因此在新一代平板電腦上，我們應當想出一點更好的主意來。」

　　而這「更好的主意」便是──新的 Smart Cover。嚴格意義上說，新款 Smart Cover 並非保護套那麼簡單，它其實是個「智慧封面」，僅用於保護螢幕。

　　新款 Smart Cover 共有十種色彩，聚氨酯和皮革各五種，

售價分別為聚氨酯版三十九美元，皮革版六十九美元。

這些都是賈伯斯的得意之處，因此他更大膽地預測：「新一代平板電腦不僅有相同的使用時間，還維持同樣的價格，完全一樣的價格。有人說，這比我們的產品貴那麼一點。可是你看這個矩形的價格表，六款中有五款價格在七百九十九美元以下。當你把這些和超過六點五萬個軟體加在一起……我們認為二〇一一年將是新一代平板電腦年。」

透過多項升級，新一代平板電腦不僅超過了前代，而且遠遠超出了業界水準。這似乎再一次印證了「成功者都是偏執狂」這句話——恰恰是賈伯斯始終如一追求極致的個性，才有了蘋果公司今天令人瘋狂追捧的成就。

再辭職並溘然離世

二〇一一年八月二十四日，距離新一代平板電腦新品發布會僅僅半年的時間，總是喜歡「惡作劇」的賈伯斯又給了人們一個意外。

賈伯斯發表辭職信，表示辭去蘋果公司 CEO 職務，自己被選為董事會主席，蘋果公司 COO 提姆·庫克將加入董事會並擔任 CEO，這意味著如日中天的蘋果公司正式開始進行高層權力交接。

賈伯斯在辭職公開信中寫道：

致蘋果公司董事會和蘋果公司團體：

我曾經說過，如果有一天我不再能夠勝任，無法滿足你們對我作為蘋果公司執行長的期待，那麼我將主動讓你們知道。非常不幸的是，這一天已經來臨。

從此之後，我將辭去蘋果公司執行長一職，但是，如果董事會認為合適的話，我仍將繼續擔任蘋果公司董事會主席、董事以及蘋果公司員工等職位。

就我的繼任者而言，我強烈建議公司按照我們的繼任計劃進行，並任命提姆·庫克為蘋果公司新任執行長。

我相信，蘋果公司將迎來最光明、最具創新的時代。我也希望能夠看到這一切，並在新的角色上繼續為蘋果公司的成功貢獻一份力量。

在蘋果公司，我已經結交了一些最好的朋友，感謝你們所有人，感謝你們多年來能和我一起工作。

賈伯斯敬上

作為蘋果公司的聯合創始人之一的賈伯斯，曾有過兩次從蘋果公司辭職的經歷。

第一次在一九八五年，賈伯斯因內部權力鬥爭而黯然離開蘋果公司，隨後於一九九七年重返公司，並帶領一度奄奄一息的蘋果公司東山再起。這十多年以來，賈伯斯帶領下的蘋果公司推

出一系列產品均銷售火爆。

二○一一年八月，蘋果公司一度超越埃克森美孚，成為全球市值最高的企業，賈伯斯也因此被一些人認為是過去十年中最耀眼的商業領袖之一。

第二次，也就是這次了，而不管是賈伯斯本人，還是蘋果公司都沒有在聲明信中提到賈伯斯辭職的具體原因。但是，賈伯斯的健康狀況不佳，最近幾次露面面容憔悴，不得不令外界猜測，他辭職只是時間問題。

其實，近年來，賈伯斯的身體健康狀況的確不太樂觀，儘管他從不缺席蘋果公司的每一個重要場合，但這也無法掩飾自己的身體狀態。二○○四年接受胰腺癌手術後，身體每況愈下；從二○○九年一月開始，他休病假近六個月，其間接受了肝臟移植手術；二○一一年一月，賈伯斯再次宣布休病假，而且沒有公布休假時間。

賈伯斯正式宣布辭職，引發有關他健康狀況的新一輪猜測。就在他病休後，美國的八卦報紙《國家詢問者》曾發表一篇頗為吸引眼球的報導。該報刊登了一組「形容枯槁」的賈伯斯照片，並稱他可能僅剩下六週生命。不過，好在二○一一年三月份的新一代平板電腦發布會上，賈伯斯又意外地出現在世人的面前，使得謠言不攻自破。

這次，賈伯斯是真的辭職了。賈伯斯辭職的消息一經傳

出，那斯達克市場上的蘋果公司股票價格應聲跌落，跌幅一度超過百分之五，堪稱是八月份美國矽谷最大的一次動盪。

其實，賈伯斯早在年初時，就應該慢慢地開始放權了。自二〇一一年一月起，賈伯斯就以身體健康原因從蘋果公司 CEO 崗位離職已經超過七個月，這也是賈伯斯重返蘋果公司以來，最長時間的休假紀錄。有人因此猜測，賈伯斯已經開始有計劃地放權，不再事無巨細地管理蘋果公司。

雖然在新一代平板電腦發布會和 WWDC 大會這樣的重要場合，賈伯斯仍然會出席，但已經明顯開始減少發言時間。很顯然，經過癌症折磨和多次手術的賈伯斯，身體已經不能負擔長時間的劇烈活動。

在與癌症鬥爭多年後，賈伯斯在二月份時，就明白自己時日不多了。他平靜地將這個消息告訴了幾個好友，這些好友隨後相繼透露給了更多的人。於是，在此後幾個月間，不斷有人前往加州帕羅奧圖，給賈伯斯家打電話，詢問他的身體是否還能接待客人，哪怕是最後一次。

據接近賈伯斯的人士透露，電話起初還很少，但隨後逐漸多了起來，電話鈴聲甚至從未間斷。來電者都希望有幸與賈伯斯告別，但多數都被他的妻子勞倫攔了下來。她滿懷歉意地向來訪者解釋：「賈伯斯太疲倦了，沒法接待太多的訪客。」勞倫對其中一個人說，「在賈伯斯離世前的最後幾週，他甚至無力獨自爬

上自家的樓梯。」

有些人依舊沒有放棄，他們希望第二天能再試一試。但勞倫還是拒絕了。賈伯斯僅剩的一點力氣只夠最後告別之用。這位改變世界的偉人已經選好了陪伴他最後一程的人選。

在四月份新一代平板電腦發布後，賈伯斯就已經對外宣布，將把蘋果公司的主要業務，都轉交給提姆·庫克負責。他本人則繼續擔任執行長（CEO），並參與公司的重大決策。

更有消息稱，賈伯斯已經改變之前介入公司細節政策的作風，而只是定期與公司高層管理人員交流公司管理和計劃。

與生命中的多數時間一樣，賈伯斯同樣將他的最後時光牢牢掌控在自己手中。他邀請了一名摯友，內科醫生迪安·歐尼斯陪他到最喜歡的餐館一起吃壽司。他跟很多老同事一一告別，包括風險投資家約翰·多爾、蘋果公司董事比爾·坎貝爾以及迪士尼公司 CEO 勞勃·伊格。他還為蘋果公司高管提供了一些建議，幫助他們為本週二的 iPhone4S 手機發布會做準備。他還與自己的傳記作家華特·艾薩克森進行了溝通。他開始接受新的藥物治療，並告訴部分好友，希望尚存。

但賈伯斯多數時候仍與妻兒相伴。歐尼斯說：「賈伯斯已經做出了選擇。我曾經問他，是否為擁有子女而高興。他說，這比任何事情都讓他高興一萬倍。但對賈伯斯而言，關鍵是按照自己的意願生活，而不應把時間浪費在他認為不重要的事情上。他早

就意識到自己的時間有限，因此一直都牢牢掌控自己的選擇。」

在生命的最後時光裡，這個工作狂人也變成了難得的顧家男人。自年初病危的消息傳開後，賈伯斯曾被請求出席告別晚宴，接受諸多獎項，都被他一一拒絕。如果身體情況良好，允許其前往蘋果公司辦公室。那麼下班後，他最想做的事情就是回家與家人共進晚餐。

一九九一年，賈伯斯娶了史丹福大學商學院工商管理碩士勞倫‧鮑威爾為妻，婚後育有一子兩女。此外，賈伯斯還與前女友布瑞南生下女兒麗莎，由於賈伯斯一度不承認，布瑞南曾短暫靠救濟金撫養女兒，但之後賈伯斯還是承認了自己與麗莎的父女關係。

如今麗莎和她自己的姑姑一樣，成為了一名作家，並已順利從哈佛畢業，定居在歐洲。麗莎和賈伯斯其他子女一樣，從未在公眾場合或者媒體上，發表過對自己父親的看法。賈伯斯希望自己的子女能理解自己，而他的生父阿卜‧杜法塔‧簡德里也同樣希望獲得他的理解。

簡德里直至二〇〇五年左右，才得知賈伯斯是他的親生兒子。他不記得自己是如何聽說此事的，他只是說這個消息是「一個重大衝擊」。

自那之後，簡德里便開始在網上收集賈伯斯的訊息，觀看賈伯斯在蘋果公司新產品發布會上的演講。二〇〇九年，賈伯斯

的健康惡化，他嘗試著給對方發過幾封電子郵件。而過去一年，這樣的行為變成了定期的問候，內容都很簡短：「生日快樂」或「祝早日康復」。

簡德里是個蘋果公司迷。他的第一台以及後來的所有電腦一直都是蘋果公司產品，現在他家裡有蘋果公司的筆記型電腦和台式機各一台，蘋果公司發布的每一款 iPhone 他都會盡快購買，還有一台 iPad。

就在人們都在為賈伯斯從蘋果公司的離開唏噓不已時，賈伯斯又一次給了大家一個意外！

二〇一一年十月五日下午約三點時，也就是 iPhone4S 手機新產品發布會的第二天，賈伯斯辭世了。

據媒體報導稱，賈伯斯的死亡證明顯示，賈伯斯是在美國時間十月五日下午約三點，在加州帕羅奧圖家中停止呼吸的，在列明的死因中，呼吸停止是直接原因，間接原因則是「胰腺神經內分泌腫瘤轉移」。

賈伯斯的妹妹、知名作家莫娜‧辛普森說：「最後的幾週裡，賈伯斯最牽掛的是那些依靠他的人：蘋果公司的員工、四個孩子以及妻子勞倫。臨終時，他語調溫柔，飽含歉意。他為即將離我們而去而難過。」

直至生命的盡頭，賈伯斯也沒有放開對蘋果公司的所有關注。

　　去世前，臥在病榻上的賈伯斯，依然盡力打起精神，觀看 iPhone4S 手機發布會直播，蘋果公司為他專門開設了私人影片直播途徑。

　　自二〇〇七年 iPhone 誕生以來，這還是他第一次沒有站在現場作演講。對於自己的工作，這個蘋果公司的掌舵者一向如醉似狂。有一次準備蘋果公司大會演講前，他滿頭大汗地練習了三天，總共三百次演習，每次都要修正不滿意的細節。

　　在發布會結束時，賈伯斯微笑了一下，但沒有說一句話。第二天他離開了人世，原本在網路上飽受批評的 iPhone4S 手機，卻刷新了一項新的銷售數據，單日預訂數已經超過一百萬部，iPhone4S 手機的首日預訂數超過了公司以前發布的任何新產品。這應該就是賈伯斯想要的結果。

　　同樣的十二小時內，根據亞馬遜公司的統計顯示，售價為十七點八八美元，由華特· 艾薩克森所著的《史蒂夫· 賈伯斯》，預訂量已經猛增了百分之四萬一千八百。

　　就在當天，臺灣、紐約、上海和法蘭克福的蘋果公司專賣店都貼滿了蘋果公司迷的手工祝福卡片，去往賈伯斯家的小道上都放滿了人們送來的花、蠟燭和一個個被小心咬了一口的蘋果⋯⋯

　　賈伯斯是在腫瘤發作五年後去世的。十月七日，賈伯斯被安葬於聖塔克拉拉郡，葬禮採用非宗教儀式。填寫死亡證明的人

名被塗黑了。賈伯斯就這樣永遠地離開了。

美國當地時間十月五日，蘋果公司宣布賈伯斯去世，享年五十六歲。

另外，蘋果公司還將於十月十九日為賈伯斯舉辦私人紀念大會，地點是在位於加利福尼亞丘珀蒂諾的蘋果公司總部。

蘋果公司現任 CEO 提姆·庫克在賈伯斯去世當天表示：「不久後我們將在公司內部為賈伯斯舉辦紀念儀式，回顧他卓越的一生。」

其實，在賈伯斯去世前幾天，蘋果公司已經通知加州帕羅奧圖警察局，稱賈伯斯預期會病逝。

帕羅奧圖警察局發言人桑德拉·布朗說，警方獲悉此事後的一週內，就已經開始準備人手了，為的是防止大量人群擁擠到賈伯斯的家中。

但即便是這樣，也無法阻止人們向這個「科技巨人」致敬，人們自發地來到蘋果公司總部，身著黑色高領衫、牛仔褲和運動鞋，撰發博文，他們以各種形式悼念這個狂傲的天才，希望他在天堂路上，能夠一路走好！

在最後一次拜訪時，賈伯斯對華特說過這麼一句話：「一旦你離去，你就屬於整個世界。」

而歐尼斯卻說：「他很食人間煙火，他遠比我們多數人所了

解的更為真實。這正是他的偉大之處。」

　　為了緬懷賈伯斯，香港理工大學設計學院一名十九歲的學生製作了一幅圖片，將賈伯斯的頭像側影與蘋果公司徽標相融合，體現出賈伯斯是蘋果公司永遠的靈魂。

　　這幅圖片在互聯網上迅速傳播，吸引了成千上萬的留言，甚至在 eBay 上已有採用該圖片的紀念 T 恤和帽子出售。他因為這一設計已獲得一份工作邀請。

　　這個學生稱早在賈伯斯八月份辭任蘋果公司 CEO 時就設計了這一圖案，只是沒有人注意到。

　　這個學生稱，在得知賈伯斯去世的消息後，他週四再次將這幅圖片貼到了網上，於是才吸引了眾多網友的關注。

　　這張設計非常的巧妙，蘋果的設計也有著許多趣聞，有人說這個蘋果是智慧果，被咬掉一口，智慧便源源不斷地流出。

　　然而這個學生的設計，讓人們看到，蘋果公司的智慧來源其實就是偉大的賈伯斯，他改變了我們的生活，我們永遠不會忘記賈伯斯！

附錄

成為卓越的代名詞，很多人並不能適應需要傑出素質的環境。

—— 賈伯斯

經典故事

蘋果公司誕生

學生時代的賈伯斯聰明、頑皮，肆無忌憚，常常喜歡別出心裁地搞出一些令人啼笑皆非的惡作劇。不過，他的學習成績倒是十分出眾。

當時，賈伯斯就生活在後來著名的矽谷附近，鄰居都是矽谷元老——惠普公司的職員。在這些人的影響下，賈伯斯從小就很迷戀電子學。

賈伯斯與史帝夫·沃茲尼克見面後，兩人一見如故，常常在一起思索電腦。他們準備自己開發、製造個人電腦。

後來，他們買到了摩托羅拉公司出品的 6502 晶片，功能與英特爾公司的 8080 相差無幾。兩個狂喜的年輕人回到賈伯斯的車庫，開始了自己偉大的創新。僅僅幾個星期，電腦就裝好了。

精明的賈伯斯立即估量出這種電腦的市場價值所在。為籌集批量生產的資金，他賣掉了自己的小汽車，同時沃茲尼克也賣掉了他珍愛的惠普65型電腦。就這樣，他們有了一千三百美元。

一九七六年四月一日那天，賈伯斯、沃茲尼克及賈伯斯另一個朋友韋恩簽署了一份合約，決定成立一家電腦公司。公司的名稱由偏愛蘋果的賈伯斯一錘定音——稱為蘋果。而他們的自制電腦則被順理成章地追認為「蘋果一號」電腦了。

被自己的公司掃地出門

一九八三年，「Lisa」的發布預示了蘋果公司的沒落，一台不合實際、連美國人都嫌貴的電腦是沒有多少市場的，而「Lisa」又侵吞了 Apple 大量研發經費。可以說蘋果公司興起之時就是其沒落開始之日。

由於賈伯斯經營理念與當時大多數管理人員不同，加上藍色巨人 IBM 公司也開始醒悟過來，也推出了個人電腦，搶占大片市場，使得賈伯斯新開發出的電腦節節慘敗，總經理和董事們便把這一失敗歸罪於董事長賈伯斯，於一九八五年四月經由董事會決議撤銷了他的經營大權。

賈伯斯幾次想奪回權力均未成功，便在一九八五年九月十七日憤而辭去蘋果公司董事長，戲劇性地被自己創辦的公司掃地出門。

獨立時期

一九八六年，賈伯斯花一千萬美元從盧卡斯手中收購了旗下位於加州的電腦動畫效果工作室，並成立獨立公司 Pixar 動畫工作室。

在之後十年，該公司成為了眾所周知的 3D 電腦動畫公司，並在一九九五年推出全球首部全 3D 立體動畫電影《玩具總動員》。這個公司已在二〇〇六年被迪士尼公司收購，賈伯斯也因此成為最大股東。

回歸蘋果公司

一九九六年十二月十七日，全球各大電腦報刊幾乎都在頭版刊出了《蘋果公司收購 NeXT，賈伯斯重回蘋果公司》的消息。此時蘋果公司已瀕臨絕境。

賈伯斯於蘋果公司危難之中重新歸來，蘋果公司上下皆十分歡欣鼓舞。就連前行政總裁阿梅里奧也在迎接賈伯斯的歡迎詞中說：「我們以最隆重的儀式歡迎我們最偉大的天才歸來，我們相信，他會讓世人相信蘋果公司電腦是訊息業中永遠的創新者。」

賈伯斯重歸故里，心繫大事業的夢想。他向蘋果公司電腦的追隨者們說：「我始終對蘋果公司一往情深，能再次為蘋果公司的未來設計藍圖，我感到莫大榮幸。」

這個曾經的英雄終於在眾望所歸下重新回來了！

大膽改革推出新產品

受命於危難之際，賈伯斯果敢地發揮了行政總裁的權威，大刀闊斧地進行改革。他首先改組了董事會，然後又做出一件令人們瞠目結舌的大事——拋棄舊怨，與蘋果公司的宿敵微軟公司握手言歡，締結了舉世矚目的「世紀之盟」，達成策略性的全面交叉授權協議。

接著，他開始推出了新的電腦。

一九九八年，iMac 背負著蘋果公司的希望，凝結著員工的汗水，寄託著振興蘋果公司的夢想，呈現在世人面前。

為了宣傳，把笛卡爾的名言「我思故我在」變成了 iMac 的廣告文案，由此成了廣告業的經典案例。

新產品重新點燃了蘋果公司擁戴者們的希望。三年來他們一直在等待的東西出現了，iMac 成了當年最熱門的話題。

在賈伯斯的改革之下，蘋果公司終於實現盈利。

健忘的賈伯斯

賈伯斯生前的好朋友亞當斯回憶，記得有一件比爾·蓋茲（Bill Gates）來到 NeXT 公司參加會議的逸事。

那是一九八六年的秋天，樓下大廳的接待員打電話給正在樓上辦公室的賈伯斯，告訴他蓋茲已經到了公司大廳。

亞當斯說：「我看到賈伯斯坐在辦公室裡，並不是很忙的樣子，但是卻一直沒有起身下去迎接比爾·蓋茲，也沒有喊比爾·蓋茲上來。

「事實上，他足足讓比爾·蓋茲在大廳裡等了一個小時，賈伯斯好像把這件事給忘了。單從這一點就已充分說明了他們之間的競爭關係。」

亞當斯透露，NeXT 公司的工程師們紛紛藉這一機會下樓，向比爾·蓋茲請教問題。「我們十分享受這段時間，大約花了一

個小時和蓋茲交談，直到史蒂夫把他喊上去。」

年 譜

一九五五年，出生於美國舊金山市。

一九七六年，與沃茲尼克創建蘋果公司，推出 Apple I 電腦。

一九七七年，第一台彩色介面的個人電腦 Apple II 推出。

一九八〇年，蘋果公司上市，首日募得一點一億美元。

一九八一年，正式成為蘋果公司總裁，開始設計 Mac 語言。

一九八四年，Mac 電腦上市銷售。

一九八五年，被迫離開蘋果公司。

一九八六年，創辦 NeXT，以一千萬美元收購動畫工作室。

一九九六年，蘋果公司收購 NeXT。

一九九七年，重返蘋果公司擔任顧問。

一九九八年，蘋果公司恢復盈利，並推出一體機 iMac。

二〇〇〇年，被任命為蘋果公司執行長。

二〇〇一年，世界上第一款 iPod 上市銷售。

二〇〇三年，蘋果公司推出 iTunes 音樂商店。

二〇〇四年，患有胰腺癌並進行手術治療。

二〇〇六年，迪士尼公司七十四億美元收購 Pixar，賈伯斯成為迪士尼公司最大的個人股東。

二〇〇七年，蘋果公司發布第一款智慧手機 iPhone。

二〇〇九年，宣布病休，六月份重返工作崗位。

二〇一〇年，蘋果公司推出新一代觸控平板電腦。

二〇一一年，八月二十四日，辭去蘋果公司 CEO 職位。十月五日下午三點時於美國加州帕羅奧圖的家中病逝，享年五十六歲。

名 言

● 人生短暫，過著過著你就沒了，明白嗎？

● 你想用賣糖水來度過餘生，還是想要一個機會來改變世界？

● 領袖和跟隨者的區別就在於創新。

● 死亡很可能是唯一的、最好的生命創造。它是生命的促變者。它送走老一代，給新一代開出道路。

● 謹記自己總會死去，是讓自己避免陷入「人生有所失」思考的最佳方法。

● 你如果出色地完成了某件事，那你應該再做一些其他的精彩事兒。不要在前一件事上徘徊太久，想想接下來該做什麼。

● 你不能只問顧客要什麼，然後想法子給他們做什麼。等你做出來，他們已經另有新歡了。

● 創新無極限！ 只要敢想，沒有什麼不可能，立即跳出思維的框框吧！

● 但要是總把事情套在這種激進的新視角中，就有害無益

了——那樣將改變一切。有些事的確很重要，因為它們能夠改變世界。

● 你的時間有限，所以不要為別人而活。不要被教條所限，不要活在別人的觀念裡。不要讓別人的意見左右自己內心的聲音。

● 勇敢地去追隨自己的心靈和直覺，只有自己的心靈和直覺才知道你自己的真實想法，其他一切都是次要的。

● 成功沒有捷徑。你必須把卓越轉變成你身上的一個特質。最大限度地發揮你的天賦、才能、技巧，把其他所有人甩在你後面。

● 我想它使世界聯繫得更緊密了，並且今後還會如此。一切事物都有弊端；一切事物都有無法預期的後果。在我眼中科技最有侵蝕性的產物是電視——但我還是要說，在最佳狀態下，電視棒極了。

● 這是我的一個祕訣——聚焦和簡化。簡單比複雜更難。你必須辛勤工作理清思路並使之簡單化。但是這一切到最後都是值得的，因為一旦你做到了，你便創造了奇蹟。

● 每一個革命性的產品的到來都將改變一切。如果在你的職業生涯中能夠為其中的一件工作過那將是非常幸運的。Apple 很幸運地能夠將它們中的一些引入到這個世界。

● 對大多數人而言，給家裡買一台電腦最令人不可抗拒的理由是，它將連結到一個全國性的交流網路。對大多數人而言，我們正處於一個真正了不起的突破的開始階段，這個突破將像電話一樣了不起。

● 當你作為一名木工正在打造一款漂亮的衣櫃時，你不會在它

的背面使用一塊膠合板，哪怕它是面對著牆壁沒有人會注意到它。你知道它在那裡，所以你將會在它的背面使用一塊漂亮的木板。為了你在晚上能夠睡上安穩覺，審美的要求和品質的要求必須貫穿整個過程的始終。

● 如果你正處於一個上升的朝陽行業，那麼嘗試去尋找更有效的解決方案——更招消費者喜愛、更簡潔的商業模式；如果你處於一個日漸萎縮的行業，那麼趕緊在自己變得跟不上時代之前抽身而出，去換個工作或者轉換行業。不要拖延，立刻開始創新！

● 並不是每個人都需要種植自己的糧食，也不是每個人都需要做自己穿的衣服，我們說著別人發明的語言，使用別人發明的數學，我們一直在使用別人的成果。使用人類的已有經驗和知識來進行發明創造是一件很了不起的事情。

● 你的工作將會是你生活中很大一部分，唯一能使自己得到真正滿足的是，做你認為是偉大的工作。做一份偉大工作的唯一方法是：熱愛你所做的工作。如果你還沒有找到這樣的偉大工作，那就繼續尋找吧，不要妥協。

國家圖書館出版品預行編目（CIP）資料

被咬一口的蘋果：賈伯斯的數位智慧時代 / 李連成 著 . -- 第一版 .
-- 臺北市：崧燁文化，2020.04
　　面；　　公分
POD 版

ISBN 978-986-516-227-6(平裝)

1. 賈伯斯 (Jobs, Steven, 1955-2011) 2. 傳記 3. 職場成功法

785.28　　　　　　　　　　　　　　　109004729

書　　名：被咬一口的蘋果：賈伯斯的數位智慧時代
作　　者：李連成 著
發 行 人：黃振庭
出 版 者：崧燁文化事業有限公司
發 行 者：崧燁文化事業有限公司
E - m a i l：sonbookservice@gmail.com
粉 絲 頁：　　　　　　　網 址：
地　　址：台北市中正區重慶南路一段六十一號八樓 815 室
8F.-815, No.61, Sec. 1, Chongqing S. Rd., Zhongzheng
Dist., Taipei City 100, Taiwan (R.O.C.)
電　　話：(02)2370-3310 傳　真：(02) 2388-1990
總 經 銷：紅螞蟻圖書有限公司
地　　址：台北市內湖區舊宗路二段 121 巷 19 號
電　　話:02-2795-3656 傳真 :02-2795-4100　　　網址：
印　　刷：京峯彩色印刷有限公司（京峰數位）
　　本書版權為千華駐科技出版有限公司所有授權崧博出版事業有限公司獨家發行
　　電子書及繁體書繁體字版。若有其他相關權利及授權需求請與本公司聯繫。
定　　價：350 元
發行日期：2020 年 04 月第一版
◎ 本書以 POD 印製發行